To Mom, who showed me how to write my first paragraphs
And
Dad, who taught me there are no shortcuts.
And for Sifu Ted—thank you for all that I've learned through JKD.

The Straight Lead : The Core of Bruce Lee's Jun Fan Jeet Kune Do®
by Teri Tom

Originally published by Tuttle Publishing

Japanese translation rights arranged with
Charles E Tuttle Publishing Co. Inc., Tokyo
through Tuttle-Mori Agency, Inc., Tokyo

Japanese translated by
Jeet Kune Do Renshukan Tiny Dragon

First published in Japan in 2010
by BAB JAPAN co.,ltd.
Tokyo, Japan

訳者解説

截拳道練習館Ｔｉｎｙ Ｄｒａｇｏｎ主宰　松岡ユタカ

本書は、テッド・ウォン師父の弟子、テリー・トム女史が、アメリカで発表した著書『The Straight Lead The Core of Bruce Lee's Jun Fan Jeet Kune Do』の全訳です。本書をお読みいただく前に、本書の邦訳出版を企画し、全訳に携わらせていただいた者から、日本版の読者の皆さんに本書の内容をより深くご理解いただくために、少しだけ解説を付させていただきたいと思います。

同書のサブタイトルにある〝Jun Fan（ジュンファン）〟とは、ブルースの本名である〝李《リ》振藩《ジュンファン》〟から取られています（ブルース・リーは英語名。李小龍《シャオロン》は芸名です）。

この呼び名は、ジークンドーのアイデンティティを明確にするために、アメリカのロサンゼルスにある「ブルース・リー・ファウンデーション」が命名したもので、公的機関に登録された一種の商標です。詳しい事はファウンデーションのウェブサイト（英語のみ）をご参照ください。

読者の中には、ジークンドー自体がすでにブルース・リーの武術なのに、なぜわざわざ本名を付けて区別しなければならないのかと、訝しがる方もいらっしゃるでしょう。これにはジークンドーを取り巻く様々な事情や、これまでの経緯が関わっているのです。そのことについては本書でも言及されていますから、ここでは簡単に解説するに留めます。

ジークンドーは、１９６７年の半ばにブルース・リーが自らの武術スタイルに命名したネーミングです。しかし、その技法は１９７３年に彼が急逝するまで、より高い効率を求めて変化・進化していきました。

ところが、変化を是とするブルースのそうした態度や教えが、様々に曲解され、彼の死後、ジークンドーを彼の意図しなかったであろう方向へと向かわせてしまったのです。それによって、本来ブルースが研究し、練習していたものとは、別の論法で組み上げられたものが世間で幅を利かせるようになってしまいました。

その代表的ものが、「色々な武術を練習して有効性を主軸として様々なテクニックを取捨選択して自らの武術スタイルを創造する」という論法です。

この論法で行けば、ブルース・リーが本来行っていたものから遊離していってしまうことは、誰にでも想像に難くないところだと思います。なぜなら、実践者の嗜好や、やり易さなど、個人的な尺度によって、武術が勝手に作られてしまうからです。複数の人が武術をモチーフに好きな絵を描けば、それぞれ違った絵が描き上がるのと同じです。

そうした状況の中、ブルースが志向したものと、それ以外のものとを区別して、本人のオリジナルであることを明確にするために、あえて〝ジュンファン〟・ジークンドーと呼ぶことになったのです。

では、ブルースが本当に意図していたところのジークンドーの真実とはどのようなものだったのか？

その明確な答えが、本書です。

本書では、ブルースが自身の嗜好や、やりやすさによってジークンドーを創ったのではないこと。そして、他の武術からめったやたらに技法を収集していたのではなく、明確な根源《ルーツ》を持って、深く研究をした上で、技法を絞り込んでいたことを、テッド・ウォン師父からの教授に加え、ブルース本人の書き込みがされた蔵書や、ノート、著書を研究する中から証明しようとしています。

こうして本書で光を当てられるジークンドーの真実は、ジークンドーを志す多くの修行者にとっての福音になるとともに、一方で前述の別の方法論で造られた物をジークンドーと称していた人たちにとっては

〝不都合な真実〟となることでしょう。

また、本書で扱われる技術的な部分は、ブルースが創り上げたジークンドーの最晩年のスタイルです。テッド・ウォン師父の言葉を借りれば、「ファイナル・ステージ」であり、「家を建てることに例えれば、基礎工事が終わり、上物が建てられ、後は家具を運び込むだけの状態」です。ほぼスタイルが完成した状態だと言ってもよいものでしょう。

これは、私個人の考えであり、テッド・ウォン師父からも同様のお考えを聞いていますが、もしブルースが存《なが》えて、ジークンドーがさらなる完成度に達していたならば、我々はその完全なる実体を知る機会を失っていたかもしれません。なぜなら――実際に教えている者としては何ですが――、秘匿という覆いを掛ける必要があるほど、ジークンドーが実用的だからです。言い換えれば、非常に攻撃的な武術なのです。

閑話休題。本書では、ブルースが志向した方向性と、その象徴的な技法として、前の拳による直線の突き――ストレート・リードを解説しています。そのストレート・リードは、ジークンドーにおける最も基本的な技法でありながら、高度な身体の使い方でもあり、またジークンドーの戦術の基本に位置づけられる、ブルース曰く「最も難しい技」です。

つまり本書は、形而上と形而下の両面から、ジークンドーの重要な深部を正確に把握できるブループリント、またはマスターピースとなるものです。ブルース・リーの真にオリジナルであるジークンドーの実像を、〝根〟の部分から書き起こしたアカデミックな作品なのです。これからジークンドーを志そうとする方や、修行していても方向性に迷いを感じている方を、ブルースの視点まで真っ直ぐ《ストレート・リード》に導いてくれるはずです。

ただ、本書を通読された方の中には、文章の重複がくどく感じたり、逆に言葉が足りないと感じられる部分もあるかもしれません。それらは、本書が筆者にとって処女作であることと、それに増して読者にジークンドーの真実の姿を知って欲しいという著者の熱い願い（この願いは我々も同じです）の現れであります。

本書では、著者は技法を解説する上で、写真よりも言葉を多く用いて説明しようとしています。なぜならば、ジークンドーが効率を最優先するがために、その動作は視覚的に分かりにくく、連続写真を並べても、その要点は掴みづらいものだからです。（それ故に、本書で示される実技写真はどれもオーバーアクション気味です。）そうした理解しづらい部分については、ブルースの台詞、「Don't think! Feel! 」に免じて、ご容赦願うところです。

もう一点、ご留意いただきたい点があります。既にインターネットの動画サイトには、明らかに本書（英語版）を参考にしたと思われる噴飯物の動画が発表されておりますが、くれぐれもまねをしないようにお願いします。派手さに意識を取られていては、単なる〝遺品の収集者〟となってしまうでしょう。願わくば、読者諸兄が深い分別を持って、真に〝遺産の継承者〟とならんことを。

最後に、私のジークンドーの修行のために毎年の長期滞在を許して下さったロサンゼルス在住の叔母・タミー小林、タイニードラゴン立ち上げ時に稽古場の使用を承諾していただいた鈴木家の方々、仕事で疲れた体に鞭を打って本書の翻訳に協力してくれた練習生たち、そして我々の人生に甲斐をもたらしてくれた我が師テッド・ウォン師父に、この場を借りて心から感謝の礼を捧げたいと思います。本当に有り難うございました。本書を世に送り出すことで、少しでも恩返しになれば幸いです。

松岡ユタカ

２０１０年　７月

新装版発行にあたって

暫く入手が途絶えていた本書「ストレート・リード」が11年目にして、新装で再販されることとなりました。ジークンドーの一般認識も10年の時間の流れの中で、本書に述べられている様に、詠春拳を主材にした「ごった煮」の曖昧模糊なキメラ武術ではなく、明確なルーツが有り、フットワーク重視の、パンチとキックを駆使する効率的な武術であると、少しずつですが、その認識はシフトしている様です。

その反面、非常に残念な事に２０１０年の11月にテッド・ウォン師父が泉下の人となられてしまった為に、輒が無くなり、師父の貴重な教えを受け入れた者が、その名を口にしつつ、他流派の身体操作法等を附加、加飾して、開祖であるブルース・リーが嘗て「薄められたワイン」と侮蔑形容した形に堕したジークンドーをミスリードして、それに接した者を悪酔いさせてもいます。それらのハイシンした動画とテッド師父のセミナー等の動画を見比べれば、その違いは一目瞭然です。

本書を手にした方は細部まで熟読されて、本書とイミテーションの分別をつける知識を養って下さい。それがテッド師父の願いであり、著者テリー・トムの執筆の目的です。

２０２１年　４月

松岡ユタカ

序文1　シャノン・リー・キースラー

ある日テッド・ウォン氏から電話がかかり、その時に私は初めてテリー・トムの本の話を聞きました。テッド氏は私に、彼の生徒の一人がジークンドーのリードストレートパンチに関する、とても良い本を書いた事、そしてその本の原稿の中に、私の父（ブルース・リー）の何枚かの写真や言葉、それに類する物を入れたいと望んでいる事を話してくれました。

テッド氏がテリーの事をとにかく良く褒めて話すので、私もその本がそれだけの価値がある物だと直観的に理解したのです。

テッド・ウォン氏は私が生まれる前からリー家とは家族ぐるみの付き合いをしている友人であり、父のジークンドーの生徒でもありました。

氏は私のジークンドーの師父（教師）ですが、父のアート（ジークンドー）の真実とその保全に関して言えば、氏以上の人物は居ません。氏ほど人生をジークンドーに捧げ、知識に富み、思慮深い人物は他に居ないのです。

氏は名声や富、褒め言葉では動かされません。純粋な心と明晰な頭脳、そして健全な身体を持った、シンプルな何物にも拘束されない魂を持った人物なのです。もし氏が何かに関して良いと言った時には、私は迷い無くそれを信じる事ができます。

この本について初めて話した後、テッド氏は何章かのサンプルとテリーについての情報を提供してくれました。そのサンプル（そして最終的に全て）を読んで私は感銘を受けました。情報を簡潔かつ明瞭に伝えるテリーの能力に、読み始めてすぐ嬉しく思いました。

彼女の研究の奥深さは注目に値し、洞察力を持って問題を探求しています。私は彼女の理解している物が信頼できる物であり、また彼女が疑いなくテッド氏の生徒であるとすぐに分かったのです。

彼女の言葉を読んで、私は元気をもらう事ができました。彼女の文才に感謝します。文章は滑らかで、良く組み立てられ、読んでいて楽しめる物です。

テリーの研究は確かなジークンドーの知識の基に堅実に行われています。彼女の科学的な解説は純粋で、完全にジュン・ファン・ジークンドーです。私は喜びを禁じえませんでした。

長年に渡り、ブルース・リーのアートであるジークンドーは多くのダメージを受けて来ました。多くの人々がジークンドーを真に理解していないばかりにこのアートに危害を加えてきたのです。ジークンドーは科学的、物理的、哲学的な個人的格闘表現のアートです。そして何よりシンプルでダイレクトなのです。繰り返しましょう、シンプルでダイレクトだと。

ジークンドーは他の多くのアートの融合した物ではありません。総合格闘技（mixed martial arts）では無いのです。武器を寄せ集めた物では無く、逆に（無駄を）削ぎ落として焦点を絞った物です。

武道において達人になるという事――無から飛び出し、獰猛さと冷静さを備えた上での無に戻る事――は何年もかけて技術を磨き上げる事であり、満杯の武器庫へのさらなる集積ではありません。

さらに言えば、ジークンドーはテクニック（手法）を持たない哲学ではありません。哲学から科学的な側面を切り離したり、原則から手法を切り離す事は誰にもできないはずです。

これまでずっと、とんでもない誤った主張やあまりに多くの誤解が横行してきました。だからこそ、このような本、例えばジークンドーの多くの重要な側面（特にストレート・リードに関して）に真実の明りを当てる目的で作られたテリーの本は、私に希望と刺激を与えてくれるのです。この本は資料を十分に、そして決め手になるように提示するように努力が払われ、それを成し遂げています。それ故、私は感謝の気持ちさえ込み上げてきます。

今後数カ月の間に、ブルース・リー直近のファミリーによって、彼の遺産、哲学、そしてアートを保存し、広く伝えるべく非営利組織「ブルース・リー財団《Bruce Lee Foundation》」を全面的に旗揚げする予定です。

私たちは今、このアートの事を、ブルース・リーがその生涯において教えていた真の彼のアートとしてより明確に表現する為に、テリーがこの本（訳注：英語版のこと）のカバーに載せているのと同じく、ジュン・ファン・ジークンドーと呼んでいます。（注1）近い将来、そのインストラクションを探し求めている方は私達のウェブサイト（www.bruceleefoundation.com）から信頼できる情報を見つけられるようになります。

財団として目的達成のためにより一層、多く励むつもりです。現時点では、もしブルース・リーのアートを学びたいのであればブルース・リー自身の手による書物（幾つかの異なる出版社より入手可能）と「この本」を読む事ができます。

テリーとテッド氏の、私の父、そして父のアートへの献身と努力に対して感謝を捧げます。

ジュン・ファン・ジークンドーの魂の許に……。

シャノン・リー・キースラー

２００５年４月

NOTES

1　ジュン・ファン・ジークンドーの商標は長期にわたる裁判の後、ごく最近になってブルース・リー財団の手によって取り戻された。この再生は30年以上に渡るブルース・リーのアートが受けたダメージを修復する最初のステップである。名称に関する更なるインフォメーションは本書の終章を参照。

序文2

テッド・ウォン

「パンチが来るのが見えなかった！」

ブルース・リーとのスパーリングでは、これは珍しいことではなかった。そのパンチは凄まじく強力で、そして速い。とにかく速かった。それがストレート・リードだった。ストレート・リードとは、リーの現代武術（あるいは彼の言葉を借りるなら〝科学的なストリート・ファイト技術〟）であるジークンドーの絶対的な基本を成すパンチである。

ジークンドーの技術体系は独自なものであり、その土台はブルース・リーが東洋の武術を分析したのみならず、西洋ボクシングとフェンシングの歴史を研究調査して作り上げた物である。

彼は格闘の科学、物理学、西洋格闘術の各流派に関する数百冊の本を徹底的に調べた。彼の研究に対する深みと熱心さは膨大なメモや、アンダーラインが引いてある一節、擦り切れ破れるほど読み込まれた本に見ることが出来る。それらが彼の〝ひらめき〟の特別な源だった。

ストレート・リードを見いだす探求の中で、リーはパンチが彼の格闘スタイルの要となる物だと気づき、そして、とりわけ、ボクサーのジャック・デンプシーとジム・ドリスコル、それにフェンサーのアルド・ナディの書籍の中に記述されていたストレート・リードの強い有効性に気づいたのだ。

フェンシングの技術はリーにとって特段の共感を覚えるものだった。ストレート・リードの素早い腕の伸び、フェンシングのストレート・スラストと似た直線的攻撃として機能する真っ直ぐな動作――「剣を持たないフェンシング」とリーはそれを表現している。双方の動作はともに「インターセプション（さえぎる)」という彼の格闘スタイルの基本原則を伝えている。「拳を截《さえぎ》る方法」を意味する截拳道《ジークンドー》は西洋格闘術の要素の完全な統合であり、その技術体系はすべての武術に衝撃を与えるものだ。

リーは、かつて私に「戦いにおいて何が最も重要なことか」と聞いたことがある。その時、色々と考えた挙句、私には答えることが出来なかった。

彼は「それは適合力だ」と教えてくれた。変化する状況に順応し適合する能力の事だ。

彼は自身が習得した伝統的な中国武術は伝統に縛られて適合性を失っていることを説明してくれた。実戦で使うには、それらは手が込みすぎていて、ぎこちなく遅すぎるというのだ。

リーはその事実を受け止め、そして新しい方法を試すことに何年も費やした。彼が自分好みの方法を見つけたとき、それがパンチやキックとして機能するかどうかを実際にテストした。もし上手くいかなかった場合、彼はそれが上手く行くように幾度も試行錯誤したのだ。技の狙い、仕組み、スピード、全てが同時に上手く機能するまで何度も繰り返した。

ジークンドーの明確化と洗練はリーの厳密な考察と肉体的努力を経て時間とともに発展していったのだ。それはブルース・リーの永遠に続く遺産ともいえる。この遺産に敬意を払い、ジークンドーは古めかしいやり方ではなく、〝正しい方法〟で教授され学ばれなければならない。

リーは熱心な教師ではあったが、決して生徒が出来ないようなことを強要するタイプではなかった。彼は段階的に、そして励ましながら、それぞれの生徒が自分のペースで理解、吸収できるように教えた。限られた数の生徒のみを受け入れることによって、当時では非常に新しく革新的な彼のアート(同時にそれは誤解されやすく、適切な方法で教えられない場合、ずさんなものになりがちだ)を徐々に伝えたいと考

〈図 1〉 自身の師、ブルース・リーよりストレート・リードを“授かった”テッド・ウォン氏（© Linda Lee Cadwell）

えた。

ブルース・リーの弟子として友人として、また約35年にわたりジークンドーを教えてきた教師として、私はいまでも彼の格闘技術にみられる現実性、有効性、肉体的、知能的な〝美しさ〟に敬意を払い続けている。

リーは極めて几帳面な性格だった。すべてのことにおいて、ほとんど取り憑かれたかのように細部に注意を払った。彼がジークンドー（それが表現するもの、描写するもの）に関する全体像を持っていたことは間違いない。彼の書いてきたもの、話した言葉、彼自身を通じて世界に示したやり方こそが何よりの証拠である。

しかし、他の何か新しい物と同様、王者を模倣して詐称する者が蔓延《はびこ》っている。ブルース・リーはすでにこの世になく、彼らと戦えず、本来の完全なジークンドーは時間とともに蝕まれていったのだ。

ブルース・リーの遺産、つまり彼から教わった事について、私は何が本物で真実なのかを忘れないことにした。数年に渡りやらなければならなかったことは、〝クリア・カットなアプローチ〟だった。それはごちゃ混ぜになった解釈やジークンドーに不必要に加えられたものを正すことだ。

その一つのステップがテリー・トムによって提示された。彼女は厳格な注意を払い、リードストレートについて、それがどこから生まれたのか、どのように機能するのか、どのようにジークンドーの心《ハート》と魂《ソウル》に結びついているのかを明確に説明している。彼女はリー自身が行ったのと同様に彼女が教授されたものを広範囲のリサーチを行い、裏付けしたのだ。

テリー・トムはジークンドーを修行するため、7年前に私のところにやってきた。マーシャル・アーツの経験の無い若い女性であるテリーにとって、それはチャレンジだったに違いない。

しかし私は、リーの格闘システムの根本原理と適切な指導をもってすれば、彼女は上手くやれると信じていた。修習プロセスの各ステップにおいて、彼女の決意の強さや洞察力は何度も私を驚かせた。

彼女は熱心な生徒で、これまでに1000時間以上の練習とそれ以上の時間のスパーリングをこなしてきた。そのスパーリングの中で彼女は絵に描いたような見事なストレート・リードを体得した。本当のところ、私はブルース・リーを除けば、彼女ほど基本に忠実で洗練されたストレート・リードを放つものをこれまで見たことがない。彼女はナチュラルに前側と後側の手でストレートを放つ。彼女はまたなにげなく巧みな右フックを見舞う。肉体的な強靭さや体格では劣るかもしれないが、彼女は技術的なノウハウを身につけたのだ。

テリーの優れた腕前は知性の力が組み合わさってのものである。ジークンドーのオリジナルな技術に対して純粋な好奇心を垣間見せ、ブルース・リーの出版物や彼がインスパイアされた著者の書籍を読み、そして吸収した。

彼女がストレート・リードについての本の企画を打診してきた時、私はそれをやるべきだと励ました。そして私は、私個人が持っているブルース・リーの古い記録を調べることを許した。それらの記録はリー自身の書斎にあった珍しい本やメモのコピーも含まれている。すべてはリー自身によってマーカーペンで強調された、あるいは注釈がほどこされたものばかりだ。それらの素材を使うことでテリーは、リーがボクシングとフェンシングについてどのようにしてその結論に至り、またどの側面をリー独自の格闘技術に統合したのか知ることとなった。

リーの足跡を遡るなかで、テリーは思慮深く、そして明瞭に言葉を選んだ。総じて、彼女はストレート・リードの開発について正確な視点で述べ、また、ジークンドーの学習とその理解、そしてそれを創り上げた男、ブルース・リーに対して有意な貢献をしたのだ。

テッド・ウォン

2004年10月

目次

INTRODUCTION 序章

ジークンドーの核心

本書のすべてを一つのパンチに充ててしまうのは少し行き過ぎに見えるかもしれないが、「ストレート・パンチこそジークンドーの核心である」（注1）とブルース・リー自身が語っている。

ジークンドーのストレート・リードについて書くことは、ひいてはジークンドーの最も基本的な原理原則を示すことに他ならない。

事実、（ジークンドーの）アートの全体構造は最も効果的に強力なストレート・パンチを相手に打ち込むように作られている。戦略的に前側に位置した〝利き手〟によって攻撃と防御の両方を行うのだ。その他の〝武器〟、つまりフック・パンチ、リア・クロス、アッパーカット、そしてキックなどは、リード側の手によってセットアップされていないと出番がない。

何年にも渡る科学的な研究の完成形として、ストレート・リードはそのレバレッジ、精度、加速、そして力の生成の潜在力を生体力学的に驚異的なまでに最大化している。一旦、ストレート・リードのメカニカルな原理原則を捉えれば、ジークンドーの他のパンチやキックを学ぶのはより楽になるだろう。

神秘性はない

ブルース・リー自身の告白によれば、ストレート・リードこそジークンドーの武器のなかで最も難しい技術でありアートそのものだ。彼曰く、「この技術を操れるのは1万人に1人程度だ。これこそマーシャル・アーツであり、〝完璧に積極的な攻撃〟だ。誰もが出来るものではない」（注2）
そしてテッド・ウォン師父はストレート・リードについてこう語る。「もしそれが簡単なら、皆がやっているだろう」（注3）
しかしながら、ジークンドーは奇抜さや古代の魔法とは無縁なのだ。神話や硬直した古典主義に染まった神秘的な秘密は一切ない。そう。それらはまさにブルース・リーが反駁《はんばく》していた物なのだ。どちらかと言えば、ジークンドーは武術としてすべてにおいて明白だ。神秘のベールに身を包むことを善しとせず、ジークンドーの原理は生体力学、物理学、そしてフェンシングの戦略をその根拠としている。
ジークンドーの科学的な原理は決して理解するのが困難なものではない。ましてや肉体的な条件が整わなければ習得できないものでもない。ジークンドーやストレート・リードの習得を困難にしているのは、2、

3の単純な技術を習得するための根気である。言うなれば、本当の完璧さには決して到達する事は無いのだと認識し、何度も繰り返し磨き上げていく忍耐強さである。

そうは言っても、必ずしも訓練不足のみが問題ではない。多くの場合、納得できる科学的なインフォメーションがもたらされていないのだ。

よって、この本を記述する中で、私は単純化と洗練化についての話を述べていく。この本で述べられているすべての事はブルース・リーに端を発しているが、私は可能な限りブルース・リーが世に出した出版物を引用した。

ブルース・リーは若くして亡くなってしまい、ストレート・リードの包括的な手引書を残してくれてはいなかった。そこで私は、ブルースの文書を始め、その参考資料となったアルド・ナディ、ジャック・デンプシー、ジム・ドリスコル、エドウィン・ヘイスレット、ロジャー・クロスニエル、そしてフリオ・マルティネス・カステロの作品まで、可能な限り調べ上げた。その他のすべての記述は私自身がテッド・ウォン師父から直接学んだものである。（注4）

このような若干、学術的なアプローチをとるのは、ジークンドーが様々な格闘技術を寄せ集めただけの〝ごった煮〟ではないことを示すためである。

ブルースがボクシングとフェンシングに多大な影響を受けたことは真実であるし、幾つかのグラップリング技術も取り入れた。しかし彼はやみくもにそれらの技術を一緒にしたかったわけではない。そうではなく、ジークンドーは、注意深い研究によって研ぎ澄まされた独自の技術を持つ、それ自体が独自の技術体系なのである。

この本を読み進めるにつれて、ブルースが取り入れたことは何千年も前から続く「格闘科学の歴史」から進化したものであることがわかるだろう。

また、ブルースが「すべて」を取り入れたわけではないことにも気付くだろう。現代的なボクシングのジャブよりも親指を上にしたパワーラインパンチ。オーソドックスに地面につけた踵よりも拳銃の撃鉄を起こしたような左の踵。ブロードソードよりもレイピア。これらの選択には理由があった。それらの理由を明らかにしていくことがこの本の狙いである。

ジークンドーのルーツ（根）

ブルースがジークンドーのルーツ（根）と呼んだものに最初に目を向けずして、ジークンドーの技術本は成り立たない。そのルーツとは……、

1. 身体的構成要素
・オンガード・ポジション
・フットワークと身のこなし
・力を伝達する姿勢

2. 内在的要素
・バランス

・フォームの効率性
・力を適用しスピードを解放する時の自己の直感的表現
・有機的で落ち着いた意識、存在の連続性
・構造の完全性と全体の意識
・有効なメカニクス
・自分のリズムを敵のリズムと合わせる能力、加えて敵のリズムをかき乱す能力
・〝調和したユニット〟と共に流れる、またはそれに逆らう強く威圧的なオーラ
・ありのままでいること
・率直さと誠実さ
・根本から機能すること（注5）

オンガードの構え、フットワーク、力の伝達、バランス、フォームの効率性、効率的なメカニクス。それらはストレート・リードのみではなく、すべてのジークンドーのテクニックの基礎をなすものであり、またこの本の指針である。

私たちが単純化と洗練について語る時は、この〝ルーツ〟について話しているのだ。もし分からなくなったり、混乱したり、あるいはあなたの技術が曖昧だと感じたら、常にこの〝ルーツ〟に戻ることだ。

これらはロードマップに他ならない。

ビギナーにとって

ストレートにパンチを打つということはそんなに単純な仕事ではない。ブルースが大きな影響を受けた有名なボクサー（エドウィン・ヘイスレットやジム・ドリスコル、ジャック・デンプシー）が言うように、ブルースもまたそう言っている。

「肩からまっすぐに打ち出すというのは自然な動きではない」とヘイスレットは書いている。

「偶然に学べるようなものではなく、経験すらそれを教えてくれない。ストレートに打つためにそれぞれの身体部位を連動させるというのは、数年をかけて完璧を目指し学び、練習を積むことが必要な芸術と言っても良い」（注6）

そう、数年である。誰も一夜にしてストレート・リードを習得することは出来ない。初心者はこれを数週間やってみるが、自分のパワー不足に落胆し、やがてギブ・アップして昔のやり方に戻る。そして、後になり彼らは「どうして進歩が頭打ちになってしまったのか」と訝しがる。

しかしこんな格言がある。

「愚行の定義とは、違う結果を期待しながら、同じ行動を何度も繰り返す事である」

ストレート・リードを学ぶには、しばらくの間、いつもの快適な部屋から一歩外に出る必要がある。

確かにスイング・パンチは見た目に派手だ。現代ボクシングのジャブはさらに自然な感じがする。しかし、まもなく分かる事なのだが、〝自然であること〟と、〝科学的に効果的なこと〟の間には違いがある。

この本では出来る限りの科学的な証拠や戦略的な根拠を示しながら、ストレート・リードについての確

人が左手、あるいは前の手を活用して戦い始めた証拠を提供している。絵の中に見る前の手のポジションはストレート・パンチの発達を示唆している。

セスタス（ボクシング・グローブの原型）は更なる当時のストレート・パンチの証拠を提供している。セスタスは実際のところ、手を包む皮でしかなかったが、現代のグローブで綿が詰められている部分と同じところを覆うようになっていた。特に4本の指の第二関節から拳頭、つまりストレート・パンチの打撃部分を守るようになっていた。（注3）

ストレート・ヒットを行うファイターの手を保護する道具は、その後も古代オリンピック時代を通じて強化されていき、やがて〝ハード・グローブ〟が現れた。厚い皮のグローブで、やはり4本の指の第二関節から拳頭、つまりストレート・パンチの打撃面を覆うものだった。当時のファイターはまだスイングをしていたが、ハード・グローブの打撃面から察するに、それらのスイングはより科学的なフックへと距離を縮めていったようだ。

ストレート・ヒッティングが目立つ存在になるにつれ、ボクシングのスタンスも現代のスタイルのものに似たものが現れてきた。ボクシングが描かれたギリシャの芸術品を見ると、明らかに左足（前足）が右足の前にあり、同時に左手はまっすぐに突き出されている。それでもなお、左手はジャブを放ち、敵を払いのけるための防御的なツールとして使われていた。ギリシャ人はおそらく、前の手を相手との距離を測るゲージ（定規）としても活用していたと思われる。（注4）

そのようなギリシャ人が作り上げたボクシングも、やがてローマ人が〝鉛付きセスタス〟を発明してから姿を消していった。〝鉛付きセスタス〟で頭蓋骨を殴ると非常に大きな打撃を与えられるため、競技者の技術に関係なく試合を速やかに華々しく終わらせることが出来る。〝鉛付きセスタス〟の流れの中、相手の身体を突き刺すことを目的にした武器が出現した。——MYRMEX《マーメクス》——卑劣で不快なシロモノだ。これらの武器は殴り合いのアートと科学が消失した点で非難されることだろう。我々が今日、直面しているものとは違った状況のなかで、このような〝血のエンターテインメント〟への欲望が最下層階級の人間に戦いをもたらした。

ボクシングの再出現には、１２００年の年月とフェンシングの発展が必要だった。ジョン・Ｖ・グロムバッハは〝The Saga of the Fist〟のなかでこう書いている。

『ボクシングはフェンシングをマスターしたものに紹介されてイングランドに戻ってきた。その結果、ボクシングの構えはフェンシングの構えに近づき、それは効果的に働いた。その頃、フェンシングは、ブロードソードやサーベルに比べて小さな剣や突き刺す武器が選ばれる時点に進んでいた。横に払ったり深く切り下ろす攻撃に対してのストレート・スラストやランジの使用が開発されていた。前進、後退、多くの現代ボクシングのフットワーク、そしてストレート・パンチの技術はフェンシングが発祥になっているのだ』（注５）

レイピア（決闘用の細身の剣）は切り付けるよりも、まっすぐに突き刺す武器として最高のものだった。（注６）最初、レイピアは、正確にピンポイントを突く性格上、甲冑と甲冑のつなぎ目など、損傷を与えやすい小さな部分を攻撃するものとして大きな剣よりも数段優れていた。

しかし、レイピアの主な優位性は相手と自分の間合いを直線的に最短距離で結ぶことにあるのだ。フェンシングやボクシングに応用するならば、スイングやフック、スイーピングスラッシュを出すよりも速く、標的にストレート・スラストやストレート・リードを打ち込むことが出来ることになる。

よって、対戦時に直線的な動きをすることは、攻撃的な機動であるのみならず、おのずと防御をも兼ねるものなのだ。

この技術をフェンシングでは〝ストップ・ヒット〟と呼んでいる。ナディが書くところによれば、「ストップ・スラストが従来のカウンターアタックより大きく優れている点は、相手の速く正確な攻撃に対しても、それを遮って攻撃出来る事だ」（注7）

ストレート・リードを主体としたストップ・ヒットは、ブルース・リーのアート（ジークンドー）として、その名の由来どおり重要な基本原則だ。

広東語で〝Jeet《ジー》〟は〝截《さえぎ》る〟〝止める〟を意味し、〝Kune《クン》〟は〝拳〟を、〝Do《ドー》〟は〝道・方法〟を意味する。翻訳すれば〝ジークンドー〟とは〝拳をさえぎる方法〟を意味するのだ。

Notes

1 Bruce Lee, ed. John Little, *The Tao of Gung Fu* (Boston: Tuttle Publishing, 1997), p. 59.

2 Jim Driscoll, *The Straight Left and How To Cultivate It* (London: Athletic Publications, LTD.), pp. 16-19.

3 Harry Carpenter, *Boxing: An Illustrated History* (New York: Crescent Books, 1982) pp. 8-10.

4 John V. Grombach, *The Saga of the Fist* (New Your: A.S. Barnes and Company, 1977), pp. 191-194.

5 同上 ., p. 200.

6 Richard Cohen, *By the Sword: A History of Gladiators, Musketeers, Samurai, Swashbucklers, and Olympic Champions* (New York: Random House, 2002), pp. 28-29.

7 Aldo Nadi, *On Fencing*, (Bangor, ME: Laureate Press, 1994), p. 185.

CHAPTER 2 ジークンドーでのストレート・リードの進化

今日までにブルース・リーがどのようにジークンドーを編み出したかは既に伝説と化しているが、しかしここでもう一度、取上げておきたい。

1964年、ブルースはオークランドのスクールで武術を教えていた。しかし西海岸の他のクンフー教師たちは、ブルースが熱心に中国系以外のアメリカ人に教授することを快く思ってはいなかった。香港からオークランドに、ウォン・J・マンが最後通告と共に送り込まれた。「スクールを閉鎖せよ。さもなければ叩きのめす」

即座にその場で挑戦を受けた。対戦はしかし、ブルースの想像よりも長引き、もたもたと3分間もかかってしまった（注1）。ブルースは逃げ回る相手にどう処置するかを学んでいなかった。戦いの後、ブルー

スはある結論を下した。「もしボクシングを学んでいたら、もっと早く相手を倒せたに違いない」（注2）
ブルースがもともとは中国伝統武術の詠春拳を学び教えていたのは事実だが、これはジークンドーではない。1969年1月4日にウィリアム・チュンに当てた手紙の中で、ブルースは実質的に詠春拳を捨ててしまったことを打ち明けている。

『ウィリアム。僕は中国式の伝統武術への信頼を失くしている。いまだ、僕の武術を中国式と呼んではいるけれど。それら全部は陸の上で水泳をするようなものだ。詠春拳でさえね。だから僕のトレーニングは、ヘッドギア、グローブ、チェストガード、シン・ニー・ガードなどをつけて、より効果的なストリート・ファイト技術を目指して行っている。ここ5年間、僕は単なる、めったやたらなトレーニングではなく、目的を持って最高にハードなトレーニングを積んできた。僕は自分のスタイルをジークンドーと名づけた。自分の詠春拳に執着しなかったのは、心からこのやり方がより有効だと感じているからだ』（注3）

この時すでにブルースはボクシングとフェンシングに没頭するようになっていた。時間は前後してしまうが、1965年7月31日のジェームス・リーにあてた手紙には次のように書かれている。
「今、クンフーのシステムを練っているところだ。新しいシステムは主に詠春拳、フェンシング、そしてボクシングを組み合わせた物だ」（注4）
1969年までに、ブルースは詠春拳や伝統的な中国武術のほとんどの技術をそぎ落とし、その後すぐ〝The Tao of Jeet Kune Do〟そして〝Bruce Lee's Commentaries on the Martial Way〟を書き始めた。

ブルース・リーの早すぎる死により、両方とも彼が意図した形態では出版されていない。（訳注：これらの書籍はブルース・リーの書き残した文章やメモを一冊にまとめただけの物で、きちんと整理されてはいない。しかしジークンドーを研究する上で唯一の正しい資料でもある。）

しかしこれらからブルース・リーがボクシングとフェンシングから重大な影響を受けていたことがわかる。引用文のほとんどはボクシングからのものだ。主としてジャック・デンプシー、エドウィン・ヘイスレット、そしてストレート・リードの使用に関しての主張はジム・ドリスコルの書いたものが見受けられる。（注5）

ブルース・リーのファンのあいだでは、ブルース・リーがフェンシングに意識を向けたのは、彼の兄が香港でフェンシングのチャンピオンだったからだと思われている。

しかし、これは多分、事実ではない。テッド・ウォンによれば「人々が常にブルース・リーがフェンシングに目を向けたのは彼の兄がフェンシングの選手だったからだと言うが、私は疑問に思う。そこにはボクシングとフェンシングの繋がりに関する何らかの文章があったに違いない。ドリスコルはその繋がりについて言及している。ヘイスレットも同様だ。フェンシングに大きく興味を持ったのは兄が理由ではないと思う」（注6）

この本を読み通せば理解できると思うが、ブルースはドリスコルとヘイスレットについて直接的に言及している。その内容は、ストレート・パンチがフェンシングから発展したものであると明確に解説している。事実、イギリスでボクシングが復活したのはフェンシングの影響だということはかつては一般常識だった。（注7）

〝The Tao of Jeet Kune Do〟では、極めて頻繁にロジャー・クロスニエル、フリオ・マルティネス・カステロ、ヒューゴ、そしてジェームス・カステロのフェンシングに関する引用がなされている。しかし決定的なスタンスや機能的な意味合いではアルド・ナディの影響が最も強く、〝Bruce Lee's Commentaries on the Martial Way〟でも垣間見ることが出来る。よって、ストレート・リードに特に大きな影響を与えた3人を挙げるならば、ジム・ドリスコル、ジャック・デンプシー、そしてアルド・ナディとなる。

怒れる若者達

もし現状への幻滅がブルース・リーにジークンドーをスタートさせるきっかけだとしたら、ドリスコルやデンプシーに本を書かせる動機付けとなったのはボクシングの退行だった。どちらの書籍もストレート・パンチという滅びかけたアートを保存しようとするものだ。

またナディの本はフェンシングに対する情熱に溢れているが、彼が生きた当時のフェンシングの練習方法に対するいらだちを垣間見ることもできる。

1900年代初頭のウェルシュにおいて、フェザー級チャンピオンのジム・ドリスコルはボクシングに関する一連の書籍を書いた。それはブリティッシュ・ボクシングの痛ましい現状を回復させる試みだった。薄いにもかかわらず高度な内容の本〝The Straight Left and How To Cultivate It〟は、やがてブルースの手に渡ることになる。

ドリスコルは、スイング・パンチの有効性を後押しするような〝状況証拠〟が引き起こしたブリティッシュ・ボクシングの衰退を嘆いた。原始的なスイングの動作は熊や猫に見られる事を思い出そう。ドリスコルは無知なファイターを〝ベア・キャット〟と呼んだ。だが、一連の不運な状況の中、ベア・キャット達がブリティッシュ・ボクサー達を上回り、圧倒してしまった。

ドリスコルはとりわけ、野性的スイング・パンチを放つ、フランク・クレイグ、別名〝コーヒークーラー〟の台頭を引き合いに出して〝ブリティッシュ・ボクシングの衰退と凋落〟の原因と述べている。

スイングするパンチは見た目に迫力があり、イギリスの観客はその打ち方が効果的だと信じていた。ドリスコルは、〝クーラー〟が熟達した相手とやれば、そうは問屋が卸さないはずだと主張し、〝クーラー〟が試合中にガムを噛んでいるのを指して、野心に燃えるファイターはガムを噛めばもっとブチかませられると思っていると皮肉っている。

〈図2〉　ジム・ドリスコル

数千年の格闘の科学的側面を飛び越えて、ベア・キャット、すなわち、〝クーラー〟は動物のするようなスウィングがストレート・ヒッティングよりも効果的だという薄っぺらな結論へ大衆を導いてしまう。

僅かな年月でイギリスのボクシング科学は大きく後戻りした。

ドリスコルはこの時、ストレート・リードの長所を論じるには、レイピアの進化を見ていくより他にないことを悟ったのだ。（注8）

ここがブルース・リーが、ジークンドーにストレート・スラストを当てはめるために彼（ドリスコル）の多くのアイディアを得た所だと思われる。「それはフェンシング――剣の無いフェンシング」とブルースはよく言っていた。（注9）

この原則の出典はジム・ドリスコルだ。彼はこう書いている。

『そしてここがストレートレフトの出番だ。通常考えられている攻撃の手段としてではなく、もっと効果的で価値のある、相手を、こちらに対し躊躇する距離に保つ目的でだ。私は他の場所で、フィグとブロートンによって始まった現代ボクシングの科学は、そして常にそこに残っているのは、フェンシングの技術の実質的な発展型であると述べた。事実上、それは剣の無いフェンシングであり、フェンシングのすべての動きに従うか、むしろその同じ原則に従うべきである。』（注10）

“The Tao of Jeet Kune Do”との比較

『フェンサーの剣のように、拳は常に相手とのライン上にあり、リード・ジャブは絶えず相手を威嚇する。基本的にそれは剣のないフェンシングであり、最初の標的は相手の目だ』（注11）

ドリスコルの時代、アメリカのボクシング・シーンはイギリスの状況ほど斜陽化してはおらず、ドリスコルはストレート・シューターとしてデンプシーを引き合いに出し、ストレートの打法、体重移動、フッ

トワークのモデルとしていた。(注12)

マナッサの殴り屋

しかしアメリカのボクシング・シーンが、市場原理の持つ悪弊に飲み込まれてしまうのに時間はかからなかった。

1950年、ジャック・デンプシーはこの状況を正そうと試み、彼のハード・ヒット・スタイルがそういう状況を生み出してしまったと皮肉りながら、〝Championship Fighting: Explosive Punching and Aggressive Defense〟を出版した。

デンプシーはこの本の中で、彼の人気がいかに最下層の野卑な観客をボクシングに近づける事になったかを綴っている。

『不幸にも、俺のファイトを観に集まった連中は、今までのボクシングの歴史のなかで一番、儲けに血眼になっちまった。金を稼ぐ手段としてのリング・ファイトはセルフ・ディフェンスを少しか、もしくは全然知らない輩らを引き付けたんだ。手っ取り早く稼ごうと、よそからもいろんな奴が集まってきた。興行師、マネージャー、トレーナー、はたまたインストラクターとして。金を出資していた奴らはしょっちゅう古参の連中を追い出していた。奴らは実は賭博師か、さもなきゃ単に口から出まかせの詐欺師だったんだ。奴らはジムで子供たちに間違ったやり方を教えた。間違い

〈図３〉　ジャック・デンプシー

を教えられた若者達はしばらくの間、ひとりよがりのファイターになり、そして引退後には彼らもまた、教える側にまわったんだ。これを書いている時でさえ、ヘビー級で才能を持つ人材が不足していることに愕然とする。ほとんど信じられないが俺がバリバリにやっていた１９１７年、１９１８年、そして１９１９年、ヘビー級は年を追うごとに落ち目になっていったんだ』（注13）

これはすべてデンプシーが著したものだ。そう、闘う天才が。

〝Championship Fighting〟でデンプシーは伝記作家のロジャー・カーンに語っている。「俺がこの本を書いたのはボクシングへの無知が横行しているからだ……。今日、俺が目にするボクシングの大半は単なる困惑でしかない」（注14）

デンプシーの技術に対する不満のなかで、ストレート・リードに関係があることを以下に挙げる。

・ビギナーは素早い動きのなかでパンチに体重を乗せる4つの重要な方法に基づいていない。（a）フォーリング・ステップ　（b）脚のバネ　（c）肩の旋回　（d）伸び上がり

・極めて重要なパンチのパワーラインのことを忘れてしまっている。

・すべての不出来なインストラクターおよびトレーナーはパワーラインと体重移動の緊密な協調を認識せず、概して生徒は雑なパンチ＝弱いパンチに終始している。

・爆発的なストレート・パンチは既にほとんど失われたアートと化している。肩の旋回を強調しすぎるインストラクターによって、ビギナーは不当にもステップを使える時でもステップを使わずにストレート・パンチを打つように指導されてしまったからだ。

・ストレート・パンチを打つ時、フォーリング・ステップ（〝トリガー・ステップ〟）の使い方を教育できなかった結果、レフト・ジャブは驚くべきブローとなる代わりに、全般的にきっかけを作り〝セットアップ〟するための軽く補助的な武器として使われている。

・スリーナックル（拳頭の三つの部分）の必要性が全く指摘されていない。（注15）

デンプシーはジークンドーのストレート・リードに重大な影響を与えた男だ。実際、ブルースは自身の持つ〝Championship fighting〟の上記の一節のキーワードにアンダーラインを引いていた。それらは「素早い動きのなかに体重を乗せる」「パワーライン」「肩の旋回」「トリガー・ステップ」「スリーナックル」だ。これらは後により詳しく述べる。

フェンシングの悪童

ジークンドーのストレート・リードに影響を与えた三人の男たちの中で最も派手なキャラクターの持ち主を最後に紹介する。

アルド・ナディ。フェンシングの伝説にして1920年のアントワープ・オリンピックで4回のメダリストとなったが、彼の試合外でのとっぴな行為の諸々すべても彼の偉業と同じくらい身震いするものだ。惰眠をむさぼるフェンシング界への、ナディの天才性と横柄さを含んだ正当な誹《そし》りは、同時にフェンシング界への激しい情熱に駆られてのことだ。

これらの背反するフェンシングへの思いは彼の論文〝On fencing〟から焦りとして伝わってくる。フェンシングのフレール競技から得られる恩恵として、全体的な健康、知性的な鋭さ、肉体形成、学校業績、報酬、人格形成を挙げている。そして「人とは剣を手にして、どう振舞うかだ」と簡単に述べている。（注16）

ナディもまた、明らかにフェンシングを愛する心から〝On fencing〟を著している一方で、特にアメリカでこのスポーツが衰退しているのを見て心を砕いていた。

「伝統と信条の問題だ」彼は書いている。

「恐怖心さえ抱かせる〝妥協〟という、その言葉を、私は持ち合わせてはいない。私の学校においても何をか況《いわ》んやである」（注17）

デンプシー同様、ナディも彼のアートの良質な教師の欠乏に苛立ちを憶えていた。

『資格を持つフェンシングの教師を困惑させるのは、ここでは誰もが一晩でフェンシングをマスターしたと自分で宣言して、その宣言と一緒にどこかに行ってしまうことだ。多くの古いマスターたちは草葉の陰で泣いているに違いない。もし彼らが私たちに暫くの間、一緒にいることができたなら、彼らは間違いなく、この問題について何かを言ったに違いない。
フェンシングの歴史は何世紀にも渡り、死と血をもって発展してきたのであり、様々な研究者による何百年もの研究、それは人生を捧げるほどのものによって、徐々に科学として確立してきたのだ。多くのアメリカ人教師はたった6回しかレッスンを受けないで、しかも自称教師からのレッスンで、疑わしき論文を手っ取り早く読み、適当な大学や高校で手っ取り早く職を得るのだ。同じような方法で私もある大学で高等数学か外科医の椅子を手に入れてやろう。私は仕事にありつく代わりに、丁重に精神病院へエスコートされるだろう』（注18）

〈図4〉　アルド・ナディ
(Photo by Rudolf courtesy of Laureate Press)

彼のプレイボーイ風のおどけた仕草やあからさまな皮肉が知られるにつれ、ナディは〝バッドボーイ〟として知られたが、これが自然と彼のフェンシング技術への研究方法に良い形で波及した。

ブルース・リーに採用されたナディのトレードマーク〝左の踵上げ〟は、今日では〝悪いフォーム〟と考えられている。ナディは書いている。

「通常、フェンシングの教師は、両足の裏をぴったり地面につけるように教えるだろう。私はそうは教えない」（注19）

この戸惑うようなやり方の理由は、左の踵を地面に降ろしたままではスプリングのような機動性を維持することはほとんど不可能だからだ。やってみて欲しい。両足の裏をぴったりと地面につけたままでは生理的に素早い動作に移ることは不可能である。我々が〝ぐずぐずしている輩〟のことを〝フラットな足〟と呼ぶ理由はここにある。（注20）

伝統を壊すナディの文脈に照らし合わせると、クラシカルで硬直した科学的研究に基づかないトレーニングを軽蔑してきたブルース・リーが、ナディの〝On fencing〟からの影響を受けているのは驚く事ではない。

私が思うに、ナディのフットワークが彼の強さだと認めているにもかかわらず現代のフェンシングが両足をぺったりつけて行うのと、現代のマーシャル・アーツがストレート・リードの利点を研究しないのとは同じ理由によるのだ。しかし、何故それらが放置されているかは依然、謎に包まれている。

Notes

1　M. Uyehara, *Bruce Lee: The Incomparable Fighter* (Santa Clarity, CA: Ohara Publications, Inc., 1988), p. 15.

2　テッド・ウォンとの会話 , March 18, 2004.

3　Bruce Lee, ed. John Little, *Letters of the Dragon: Correspondence, 1958-1973* (Boston: Tuttle Publishing, 1998), pp. 110-111.

4　同上 ., p. 60.

5　Ted Wong with John Little, "Bruce Lee's Lead Punch: Ted Wong Explains Jun Fan Jeet Kune Do's Most Explosive Technique!" *Bruce Lee: The Offical Publication & Voice of the Jun Fan Jeet Kune Do Nucleus*, June 2000, p. 67.

6　テッド・ウォンとの会話 , June 8, 2004.

7　"The Useful Science of Defense" はボクシングに関しての初の本だ。ゴッドフレイはフィグ闘技場のレギュラーだった。熱心なフェンサーであり、ボクサーでもあった。彼はフェンシングからボクシングの自然な進化をいち早く指摘した。1747 年に初版が出版されている。この本は商業的に大成功を収め、二部が大英博物館に収められている。

8　p.20. ドリスコルはレイピアの進化を要約している：
「私の主張を別の言葉に置き換えると、“ベア・キャット組”は棍棒戦士だ。レイピアの使用を見下している。彼らが勝負の微妙なポイントについてまったくの無知であるという単純な理由からである。だが一対一の決闘の歴史が彼らの主張に異議を唱える。人々はクラブでの娯楽としてレイピアの方が好きだからという理由では棍棒を捨てなかった。剣がそれ自体をさらに有用な武器だと証明したから捨てたのである。過去にも同じような移り変わりがあった。斧は棍棒に取って代わった物だが、剣とバックラーに道を譲り、そして剣に関して言えば、ブロードソードとサーベルでさえもレイピアが支持される中で捨て去られてしまった」

9　Lee, ed. John Little, Jeet Kune Do: Bruce Lee's Commentaries on the Martial Way (Boston: Tuttle Publishing, 1997), p. 210.

10　Driscoll, *The Straight Left and How To Cultivate It*, p. 27.

11　Lee, *Tao of Jeet Kune Do* (Santa Clarita, CA, Ohara Publications, Inc., 1975), p. 100.

12　Driscoll, *The Straight Left and How To Cultivate It*, p. 13.
「今日のアメリカ人とフランス人の全ての真のチャンピオンそして第一級のファイター達は皆、“左ストレートの使い手”であり、オールドブリティッシュスクールの門弟達だ。ジャック・デンプシー、トム　アンド　マイク・ギブソン、ハリー・ウェルス、ジェーゼス・カーペンティアー、ベニー・レオナルド、マイク・オドウド、ピート・ハーマン、ユージーン・レオナルド、ジミー・ワイルド etc　等は全てストレート使いであり、使うべき時に左手を使い、ボクシングの試合においては両足が手と同じくらいに重要な事実だという事を完全に承知しているのだ。そして試合の始めから終わりまでボクサーである事を優先してファイターである事は後回しにしていた。彼らは闘うと共にそれが出来たのだ。それが出来なければチャンピオンにはなれなかっただろう。しかしパンチを打つ時、彼らは体重の全てをそのお届け物の後ろに一緒に送り込んでいたのだ」
13　Jack Dempsey, *Championship Fighting: Explosive Punching and Aggressive Defence* (New York: Prentice Hall, Inc., 1950), pp. 10-13.
14　Roger Kahn, *A Flame of Pure Fire: Jack Dempsey and the Roaring '20's* (New York: Harcourt Brace, 1999), pp. 70-71.

15 Dempsey, *Championship Fighting: Explosive Punching and Aggressive Defence*, pp. 18-19.

16 Aldo Nadi, *On Fencing*, (Bangor, ME: Laureate Press, 1994), p. 9.

17 Aldo Nadi ed. Lance Lobo, The Living Sword: *A Fencer's Autobiography* (Sunrise, FL: Laureate Press, 1995), p. 375.

18 Nadi, *On Fencing*, p. 5.

19 同上 ., p. 51.

20 同上 ., p. 52. ナディの左足の踵を地面につけて構える事の不合理性の説明：「もしフェンサーの構えがコンパクトで正しい各々の足位置にあり両方のヒザが適切な角度で曲げられていたならば左の踵は床から自然と引き上げられる。それなのにほとんどのフェンサーは練習時にストリップ（訳注：フェンシングの競技スペース）に入った時、踵を上げようとする前に、そこを指摘される。
彼らにしてみれば、踵を完全に下げ続けている事は左脚の主だった腱に強烈な緊張を強いるか、さもなくば不適切に脚を曲げていなければならないのだ。そしてどのフェンサーも余裕がない。私は断固として他の教師達のこの基本的な間違いに抗議する」

CHAPTER 3　スタンス

最初にストレート・リードを打ち込むためには、そのスタンス（構え）について学ばなければならない。ジークンドーでは、すべては〝オン・ガード・ポジション〟から始まり〝オン・ガード・ポジション〟で終わる。それはジークンドーの基本スタンスだ。ルーツ（根）に戻ってみよう。思い出して欲しい。以下は身体的要素に関するものだ。

- オンガード・ポジション
- フットワークと身のこなし
- 力を伝達する姿勢

またこれらは常に次の要素によって支えられている。

・バランス
・フォームの効率性
・有効なメカニクス（注1）

敵を激しくラッシュして攻撃していると、細かいディテール等は瑣末な事と考えがちだ。そして獣的な腕力でもって、圧倒的な動きで立ち回れば充分と考えてしまう。

しかし、ジークンドーのルーツを正確に実践する事が最も大事だ。ブルースも論じているように、正しいフォームこそがすべての基本なのである。

「良いフォームとは、動きとエネルギーの無駄を最小限に抑えて目的を成し遂げる、最も有効なやり方のことだ。常に良いフォームで訓練せよ」（注2）

ブルースがフォームを強調しているにもかかわらず、非常に多くの人たちが雑に組み立てられたスタンスで戦っているのは驚きである。打つことを望むあまり、彼らは見せかけの基本スタンスをとり、そのくせ、後でなぜ技術が水準に達しないのかと訝しがる。

良いファイターを見て、その違いに気付くこと。有能なファイターは何も無駄がない。すべての動きは流線型のように合理的で簡素化され、それはスピードに繋がっている。

優れたファイターは非常に機動的で上手く体重をパンチに乗せている。良いファイターは、ダメなファイターとは大きく違うそのスタンスに勝因があるのだ。

ジークンドーの現実的な構成で仕上げられた適切なフォームは、バランス、効率の良いフォーム、そして有効なメカニクス――実行できる限りの――を内在している。良いフォームがもたらす恩恵には、容易く理解出来る事として、力の増大、勢い、機動力、スピード、相手からの捕え難さ、そして〝現役でいられる期間〟を伸ばす事等が上げられる。すべては良いフォームに由来するのだ。

スタンス：オンガード・ポジションの組み立て

利き手側（ストロング・サイド）を前方に

これまで左右のどちら側を前にするかは、いくつかの議論があった。しかし、ジークンドーでは〝右手（利き手）〟こそが、常にリード・ハンドとしての役を担う。この理由を知るために、ブルース・リーが書いていることを論拠として取上げたい。

「このスタンスでは、攻撃はほとんど右手、右足で行われる。それは左構えのボクシングで左ジャブ、フックを使うのと同じだ」（注3）

ブルースの映画や、スパーリングのフィルムを見てみれば、右手が主要な武器になっていることがわかるだろう。

鏡よ、鏡よ、鏡さん……

スタンスを組み立て始める前に、練習場所で自分自身を映す鏡を用意することを薦めたい。スタンスの基本を学んでいくなかで、鏡は計り知れないフィードバックをしてくれる。

初期の頃は、体の各部分がパシッと決まっているかどうか、全身のアライメントをチェックする必要がある。なぜならば、その身体は、まだジークンドーの適切なフォームを体現できるようにはなっていないからだ。

＜図５＞　正しいボディフィールを得られるまでミラーを前にしてテクニックをチェックする。フォームが正しいかどうかを知る唯一の方法だ

しかし、鏡による視覚的なフィードバックによって、より早く進歩することが出来る。そして練習を積むにつれ、やがてある時、鏡は必要ではなくなる。その時とは正しいことをやっているという感覚をつかむ事が出来ている時だ。

鏡による視覚的なフィードバックには、もう1つのメリットがある。技術が熟達するにつれ、自分の技術を視覚化して得たヒントを利用することが出来る。

競技大会を前に、優秀なアスリートがメンタル・イメージを使って準備に望むことを聞いたことがあるかもしれない。彼らは自分の競技の動きを、第三者的に外側から見てチェックするのだ。

鏡の前で正確にトレーニングすることは、技術のイメージをより鮮明に脳裏に刻むことになる。よって、鏡は単に初心者のためのものではなく、いかなるレベルのファイターにも有用なのだ。（注4）

足の置き方

既に述べているように、ジークンドーのすべてはオン・ガード・ポジションに始まり、オン・ガード・ポジションに終わる。

このスタンスは最も効果的なパンチ――ストレート・リード――を最小の動きで打ち出せるようにデザインされている。このスタンスを組み立てるため、まずは底辺の部分から始めよう。つまり、足である。

最初の頃は、地面にバスケット・ボールやスカッシュのコートのように、ラインが引いてある場所を見つけたくなるかもしれない。さもなくばチョークやテープを使って自分で地面に描いてもよい。

やけに細かい話をしているように感じるだろうが、この章が終わる頃には、何故、そのようなラインが正確な動きのために必要か理解できるだろう。

両足を肩幅より少し広くして立つ。右足がラインと約30度の角度になるようにして、右足のつま先がラ

インに沿うように配置する。（図6参照）

次に左足の土踏まずの部分をそのラインの上にセットする。ナディ風に踵を上げ、左のつま先は外側45度へ向けて、その左足のボール部（足裏の親指のつけ根のふくらんだ部分）に体重を乗せるようにする。（図7参照）

左踵を高く上げ過ぎると動き出す余地がなくなるので注意すること。踵の上げ過ぎはトップヘビーの原因にもなり、不利な位置に重心を置くことになる。ナディは左踵を0.5インチ上げることを推奨していた。（注5）（図8参照）

ブルースのノートにはナディのジークンドーへの影響が書かれている。

『べた足の伝統武術の練習と違い、左足の踵を浮かせ、起こした状態にして、いつでも引鉄（ひきがね）を引けるようにして、アクションに及ぶ。引き上げられた左の踵はスパークプラグ、さらに言えば全身を戦闘マシンと化すピストンだ』（注6）

ナディの〝On fencing〟のなかにある彼の言葉と比べてみよう。

『左足は単なる支えなどではない。それは〝スパークプラグもしくは全身をフェンシングマシンと化すピストンの役割を果たす。常にわずかに左の踵を上げ、いつでも引鉄を引ける状態にして、アクショ

ンに及ぶ』（注7）

ブルースとナディが伝えしようとしていた事は、フェンシングの突きやストレート・リードで、それぞ

〈図6〉 前足は相手をその先に想定したラインに対して30度の角度

〈図7〉 すべての力の源泉は踵が引き上げられた左足から発生する

〈図8〉 丁度良い具合に左の踵を上げること。しかし力を有効活用するためにはあまり高く上げてはいけない

れ放たれるポテンシャル・エネルギー（弾性位置エネルギー）は左足に宿っているという事だ。

正しくこのエネルギーを解放するためには、踵を上げ、土踏まずに弾みをつけて、ボール部で地面をプッシュするのだ。

下半身

両脚を正しく配置することが必要だ。繰り返すが、肩幅よりも若干広めにして、膝は軽く曲げる。足の位置とポテンシャル・エネルギーの関係については既に述べた。同じことが脚にも当てはまる。左脚がボール部に圧力をかけ、ストレート・リードに必要なバネを発生させるからだ。全ての体重を前方に推進したいので、不必要な慣性の克服のためにエネルギーを無駄にしたくない。よって全体重、あるいはすべての内的な力が両脚の中間、または内側に集中するように。もし両足の位置が正しくセットされていれば、既にそれを感じているだろう。（図９参照）

もし体重が少しでも足の外側に流れているようだと、プッシュ・オフの始動が遅れてしまう。もう一度言う。パンチを打つ前に、可能な限り、エネルギーと時間（つまり早く打ち出すために）の無駄を無くすために、体重を最適な位置に持ってくることに集中しなければならない。

効率アップのためだ。ゆえに左足のつま先は少し内側にターンさせておく。こうする事によって前方に飛び出す無駄を削ぐ事が出来る。（図10参照）

ポテンシャル・エネルギーの蓄積が重要である事は、ブルースが「小さく段階的な膝を曲げたスタンス」として言及している。（注８）

膝を曲げることはより大きな柔軟性と機動性を生み、思った瞬間に動きに転じることが出来る。

〈図9〉　左の膝が正しく内側に向いていること。体重が両脚の中間にくるように感じる

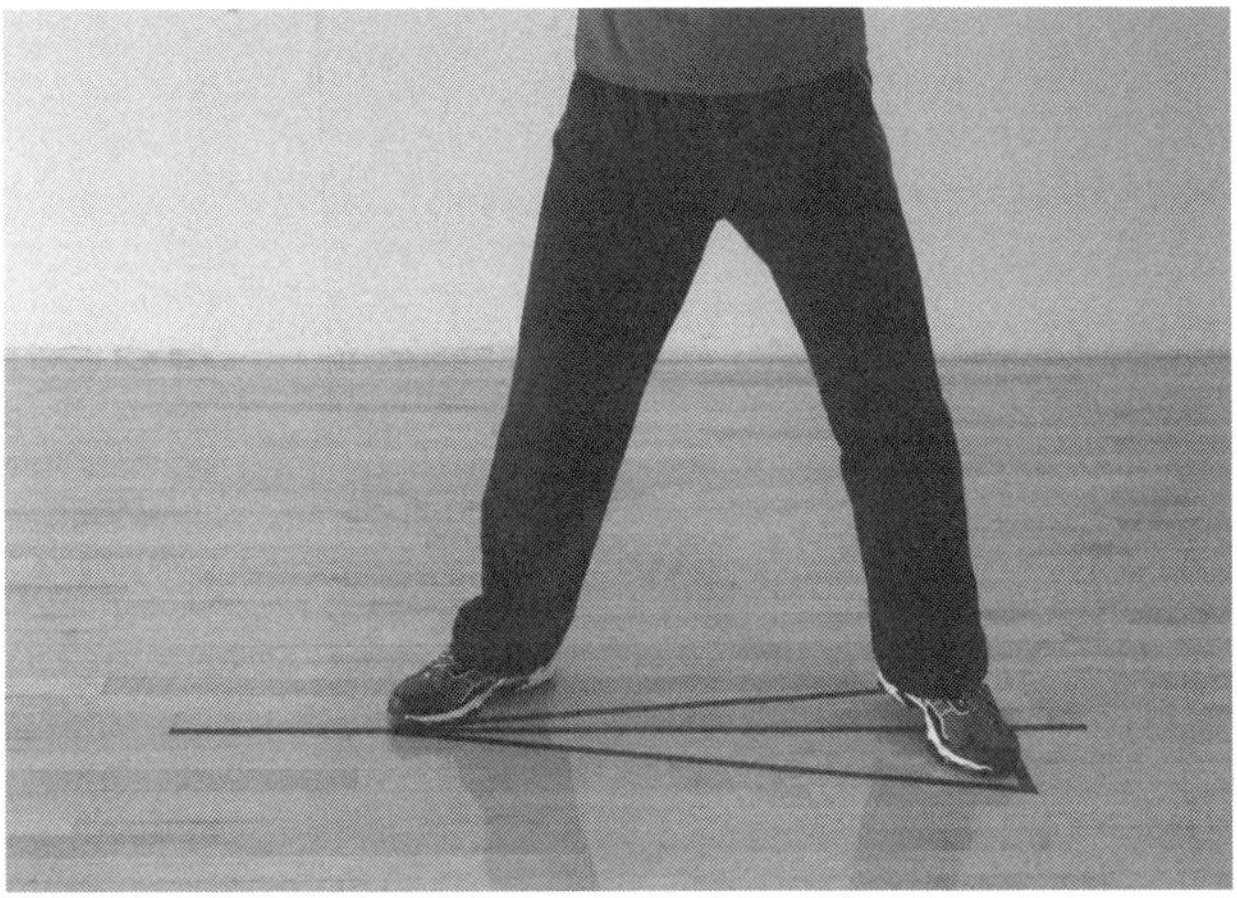

〈図10〉　これは左の膝が外向きになっており正しくない。体重が外側に逃げてしまいパンチはスローになる

膝をまっすぐにして立つとしたら、そこに弾むようなしなやかさはなく、よって力を生むこともない。

また防御の観点から、受けたパンチのパワーを減じることにもつながる。

そして恐らく、この膝を曲げたスタンスの最も重要な利点は、重心を最適バランスのポイントにセットできることだ。言葉を換えて言うならば、この姿勢はバランスを取る事を可能とするという事だ。

バランス

〝重心〟とは、単純に言って「物体の重さが均等にかかる点」のことである。

野球のバットを宙に放り投げた時を考えてみると、太い部分を中心に揺動しながら落ちて来る。それは、太い側に重心が寄っていることの証だ。つまり、そこはバットの素材の大部分があるところだ。動きの不均衡は、その物体の重心位置による。

一方、もしボールの様に左右均等な物体を投げたなら、そうはならない。なぜならば重心がその物体の真ん中にあるからだ。

人間の身体においても重心の位置は構造上決定していて、大まかに言えば、それは臀部にあたる。

バランスを保つのに、重心の位置は非常に重要であり、バランスについては繰り返しブルース・リーのノートにも現れる。

バランスを保つには、物体がもつ重心から垂直的に落ちる線を想像すること。もしその線が物体の基部の範囲内（図では床に描かれた三角形）にあるのなら、それはバランスを保っている状態だと言える。（図

11参照）
それから、物体の基部がより広い場合、それはよりバランスが良い。あるいは安定性が良い。例えばピラミッド（もっとも安定性の良い構造）を考えてみると良い。スタンスは広く重心は低い。重心を上に上げたり、バランスを支えている基部の外側に移したりすると、バランスを崩しやすくなる。写真12は非常にワイドなスタンスだ。彼の重心から床に線を描くなら、それは彼の足の位置によって決

〈図 11〉　三角形の２つの点から前足と後ろ足が正しくポジションされている状態。重心点から床に垂直なイメージラインを下ろすと、それが（三角形のイメージベースの）内側にある。これがバランスというものだ

定された基部に落ち着く。

だから非常に広いスタンスを取った場合、誰もあなたを押し倒す事など出来ないと感じるに違いない。しっかりした安定感を作っている。（図12参照）

もし肩幅よりも狭く足の位置を決めた場合、今度は三角形の基部の大きさを狭めてしまい安定性を損なう。重心が上がってしまうのだ。実際にどれほど安定性がないかを感じて欲しい。不安定なため、少ない力で突き飛ばせてしまう。そして前側（右足）のつま先と後ろ側（左足）のつま先の位置でラインを作ってしまうと、つまり左足の土踏まずの位置を通らないと仮想の基底部の面積を少なくして同様に不安定になってしまう。（図13、図43参照）

ジークンドーの適切なスタンスは、両足の位置によって形作られる領域の内側に重心がくるように設計されている。

前足と後ろ足、そして胴体が三角形の領域を形成している。

足の位置は、胴体の重さを前後に分配している。もし胴体から床に線を落とすなら、その線は領域上の3番目の点になるだろう。

後ほど上半身のポジショニングについても述べるが、ここでは少しかがんでいることが、重心をこの領域にキープしていることを知っておいて欲しい。体重は重心を中心に均等に分配されること。重心から床に線を下ろした時に、それは三角形の中心にくること。（図14参照）

これがジークンドーの全般的なスタンスの取り方であり、体重は前足と後ろ足に平等にかかるようにする。そしてストレート・リードを打つ時は、ほんの少しバランスをずらす。

スタンスをワイドにとっている時は安定している分、機動性を犠牲にしていることを知ってほしい。

〈図 14〉　正しいスタンスが機動性と安定性のバランスをとる

〈図 12〉　このスタンスは広すぎる。重心が低いため過剰な安定感がある。大いに機動性を削いでしまう

〈図 13〉　狭すぎるスタンスでは十分な安定性が得られない。重心が上がるからだ

繰り返すが肩幅より少しだけワイドにスタンスをとるのだ。そして安定性と機動性のトレードオフでパンチを打つ実験をしてほしい。

最後に、〝段階的な膝の曲がった状態〟を覚えているだろうか？

〈図15〉　一旦重心が前膝を追い越すと、重心は三角形の外側に落ちる。バランスのみならずレバレッジ（後述）と力も損なう

その目的の1つは、重心を下げることで安定性を高めることだった。メカニクスの章ではこの話を心に留めておいて欲しい。ストレート・リードを打つ時にジークンドーの練習生が最もよくやる過ちの1つは、腰を回転させないで足を伸ばして打ってしまうことだ。（図15参照）

これは2つの問題を引き起こす。まずは重心が前膝に寄りかかってしまうこと。ゆえに重心は三角形の外側に移ってしまい、バランスを崩す。

もう1つの問題は、足をまっすぐに伸ばすことで、重心が上がってしまい安定性を損なう。

これらの結果、パンチの威力は落ち、そ

の上、機動性を損なう。

少し話は逸れるが、キックの距離にいる時は、ほんの少しワイドなスタンスになることを知っておいて欲しい。

バランスと安定性の問題について、ブルースは、エドウィン・ヘイスレットから強く影響を受けている。彼は、身体のアライメント（各部が均整よく決まった状態：整列）についての重要性を言っている人物だ。ヘイスレットによれば、バランスに最も重要なのは足の位置だ。足はもちろん脚に繋がって、胴体に、その次は腕へと連なっている。そう、だから適切なアライメント（整列）は、まず正しい位置に足をそろえることなのだ。

ヘイスレットに従うと、腕は単なる〝体の力を伝える媒体〟でしかない。

「（ボクシングにおいて）拳がすべての名誉や栄華を手に入れるものに違いないが、本当のところは付き合いで参加しているだけだ。体がすべてを行っているのだ。それはスタンスから始まる。最適な安定性と機動性のためのスタンスの幅を見つけるために実験することが必要だ。同時に常に覚えておかなければならないことは、足の立ち位置によって決定される領域内に重心がこなければならないということだ」（注9）

上半身：猫、コブラ、そして電光石火のごとく

静止したジークンドーのスタンスについて語るときは、自分自身をポテンシャル・エネルギーの蓄えとして考えると良い。それはいつでも解き放ち、途方もないパワーとスピードで打ち出すことができるものだ。これを念頭に置き、背中を少し丸め、解き放つための余裕を肩に与える。これは自身のターゲットエリアを減らすのにも役立ち、右肩をアゴを守る位置に置くことにもなる。

このエネルギーを蓄えることについてブルースは次のように言っている。

『わずかに身を低くする。わずかに膝を曲げながら右足と左足の前足底でバランスをとる。（リラックスしている事を除いて）猫が今にも飛びかかれるように背中を丸めるが如く、あるいはコブラがリラックスした状態でとぐろを巻くように。そうすれば、コブラのように目にも止まらぬ速さでパンチを当てる事ができるに違いない』（注10）

ナディの言葉と比べてみよう。

『フェンシングを上手くやることは、あたかも巻かれたバネが前方に向かって飛び出すが如く電光石火である。コブラがとぐろを巻くようにリラックスしながらも、フェンサーは力を蓄える。同時にじっとした状態から瞬間的に最高のスピードと力、正確さで跳躍していくポテンシャル・エネルギー

〈図 17〉　横から見ると上半身が軽く丸まっているのが分かる

〈図 16〉　わずかに丸めたジークンドーのスタンス。背中はわずかに丸められ、右手は完全にリラックスしている

である。ガード・ポジションこそが有効な攻撃をしかけられる体勢である。そうすればコブラのように剣先を目にも止まらぬ速さで突き刺すことができるにちがいない』（注11）（図16、17参照）

図16で、腰をわずかに前かがみにしているのがわかるだろう（しかし重心は低い）。そして背中をわずかに丸くする。

ここでのポイントは体がわずかに丸められていることだ。それによって的を小さくして相手から身を守り、同時にパワーを解放する余地が作れる。

リードパンチを使って解放する更なるポテンシャル・エネルギーを蓄えている状態だ。

パワーライン

スタンスというと、静止して休んでいる状態を想像しがちだが、ジークンドーのスタンスは機動性とパワーを最大化するものであることを述べた。

打ち込むとき、最も好ましい力の使い方をするように、ジークンドーではオン・ガード・ポジションで構える。更に、インパクトの瞬間に見られる適切なアライメント（体の各部位のキメ）、またインパクトの瞬間のスタンスに見られる最も重要な要素、パワーラインについて考えなければならない。

ボクシングなどで見かける、掌を下に向けた拳とは違い、ジークンドーでは〝サム・アップ〟した（もちろん親指は握り込んで）縦拳を用いる。

その理由はパワーラインにある。同様に打ち付ける拳頭部分も、中指、薬指、小指の指のつけ根の部分（ボトム・スリー・ナックル）を使い、他のマーシャル・アーツで見られるような、人差し指、中指の部分（トップ・ツー・ナックル）を使わないが、これもパワーラインに理由がある。

パワーラインは、極めて単純に解剖学的に決定されている。拳を握り、腕を素直に伸ばすと、肩からボトム・スリー・ナックルに向って直線的ラインが作られることがわかるだろう。トップ・ツー・ナックルではないのだ。

パワーラインの考え方の原型は、ジャック・デンプシーによって提唱された。ブルース・リーが所有している〝Championship Fighting〟の9章には、非常に多くのアンダーラインが引かれている。（注12）

デンプシーはパワーラインを「肩からまっすぐに拳のナックル底部」と定義している。解剖学的に見て、それがパンチを打ち付けるに最も強固なものと思われる。よって、トップ・ツー・ナックルを使うことは

〈図 18〉　壁に向かって立ち、パワーラインを作りその堅固なことを感じる

パワーラインの集束を崩す事になる。（注13）

これは規則ではない。（解剖学的に）単にそういう構造をしているのだ。単純に人間とはそのように出来ているのだ。

身体動作の研究から、ブルースが主張することに従い、次のことをやってみてほしい。

まず、ジークンドーのスタンスで壁の前に立つ。腕を伸ばし、スリー・ナックルを壁につける。しっかりした感覚で接触していることがわかるはずだ。ストレートを打つ動作をしながら、何度かコツコツ、軽く壁を叩いてみる。これがストレート・リードを打ち込んだ時の感触だ。（図18参照）

同じことを今度はトップ・ツー・ナックルでやってみる。

それらがパワーラインから逸れることを感じるだろうか？　肩から拳にかけて安定性のあるまっすぐなラインを作る代わりに、明らかに前腕と手首に角度を作ってしまう。これがすわり

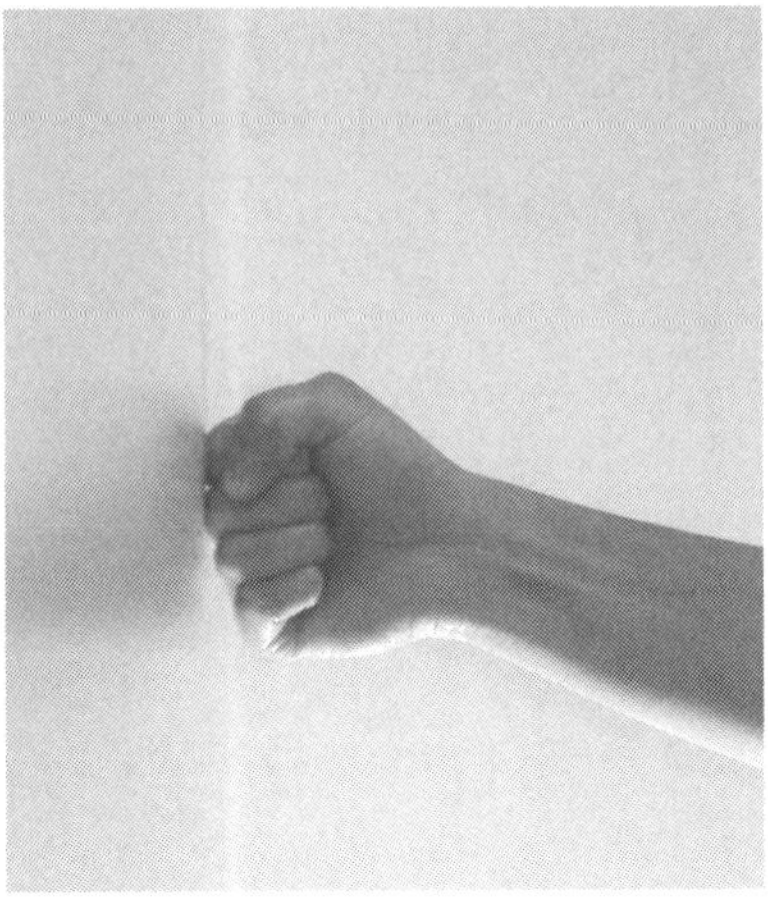

〈図19〉　トップ・ツー・ナックルによる打撃時の間違った使い方。ここを使うと手首を曲げてしまうことになりケガの原因になる

〈図20〉　スリー・ナックルによる打撃時の正しい使い方。手首は曲がらず、パワーラインが分散しない

の悪い状態だと感じるはずだ。

何度か壁を叩いてみて欲しい。体重をのせたパンチを放つ時、手首に不安定な感覚があるのを想像できるだろうか？　これが手首のケガに繋がる原因である。

図19を見て欲しい。トップ・ツー・ナックルでのパンチは不確かな感覚だ。

今度は図20にあるように、ジークンドーにおける正しい使い方、縦拳でスリー・ナックルによるものと比べて欲しい。より強固な感覚を持つはずだ。

ストレート・リードの原則は、ニュートンの〝第三の法則〟に拠ることも覚えておいて欲しい。

それは、ある物体が別の物体にぶつかる時、その物体はぶつかる力と同じだけの力を、もう一方の物体から受けるということだ。

次の様な言葉を聞いたことがあるかもしれない。

「すべての作用には大きさが等しく方向が反対の反作用が働く」

物理学者が説くように、力の作用は一方的ではないのだ。両方が相互作用を起こすものである。よってトップ・ツー・ナックルで壁をコツコツ叩く試みでは、一方的に壁に力をぶつけるのみならず、壁からも肩、肘に向けて押し返しの力がかかり、(パワーラインがずれた弱い部分で)不安定となる。もう一つの例はフォーカス・ミットのものだ。フォーカス・ミットに向かって打ちつけたのと同じだけの力が、トレーナーから跳ね返ってくる。(訳注:ジークンドーでは通常、パンチング・ミットのことをフォーカス・ミットと呼ぶ。)

覚えておいて欲しい。もしトレーナーがパンチを軽く受けているとしたら、強力なパンチを放つことは出来ない。逆にもしトレーナーがパンチをしっかりと受け止めるとしたら、そのパンチはかなり強力だ。(しかも非常に楽しい。)

さらに別の例は、サンドバッグを叩く代わりに、一枚の紙を目の前につるし、それを叩くことだ。どんなに強いパンチを放ったとしても、相手は一枚の紙であり跳ね返りを感じることはない。

一方、これがサンドバッグだったら、より強力に叩いた感覚を得られる。なぜなら同じだけの跳ね返りがあるからだ。

これらのパワーラインの実験から分かったと思うが、ジークンドーのスタンスは、自分自身に跳ね返ってくる力に上手く対処するように出来ている。

ベストなアライメントを作ることで、パンチから跳ね返ってくる衝撃を上手く吸収してしまうことが出来る。

もちろん、パワーラインのメリットの一つは、有効なパンチを放つことだ。一つの無駄も無く、すべての力は対象物に対して焦点を絞り、集中的に直接、打ち込まれる。

トップ・ツー・ナックルを使うと起こる、手首での力の分散もない。正確に組み立てられたジークンドーのスタンスには、脆弱さに繋がるものは一切ない。

スリー・ボトム・ナックルでパンチを当てることによる2つ目のメリットは、〝総括的〟な話だ。ジークンドーにおいてストレート・リードは最も多用され、それゆえ、そのパンチを打つことで身体を痛めることをできるだけ小さくしたいと思う。しかし、良いフォームは長い間、ジークンドーのトレーニングを続けられることにつながるのだ。

テッド・ウォン師父は、現在（２００５年）65歳だが、いまだ積極的に練習し、ここに至るずっと長きに渡ってケガとは縁がない。しかも、30年前よりパンチの威力は増しているという。つまり30年間、技巧を磨き続けられたということだ。

ブルースが次のように言っている。

「老練なアスリートは、フォームをエネルギーを蓄える手段と見なす。偉大なアスリートにはそれぞれの動きをより効率的に行う優れた技術があり、エネルギーを節約できる。そして無駄な動きをせず、良い状態に調整された肉体は、各動作においてより小さいエネルギーで臨むのだ」（注14）

長期間ジークンドーを練習する意志があるならば、パワーラインを感じ、有効活用するようになるに違いない。

〈図21〉　右にわずかに胴体をひねり、相手のパンチを巻き込むように左手で防御する

リア・ハンド

　後ろ手（リア・ハンド）は、頭部を狙う相手のパンチに対して、パリー、ブロックなどで防御することが目的だ。

　左手を顎の左横に持ってくる。左手を正しい位置に取り、相手との適正な距離を保てば、そう打ち込まれることはない。左手によるパリーは、また相手との距離感を掴むことにもなる。

　同時に、側面を防御するために肘をしっかり曲げて体に近づけること。そうすれば、単に胴体を回転させることで、左腕を使ってボディへのパンチの威力を逸らすことができる。（図21参照）

〈図 22〉 フロント・ハンドの正しいポジション。上腕と胴体側面に隙間がなく腕全体は完全に弛緩した状態だ

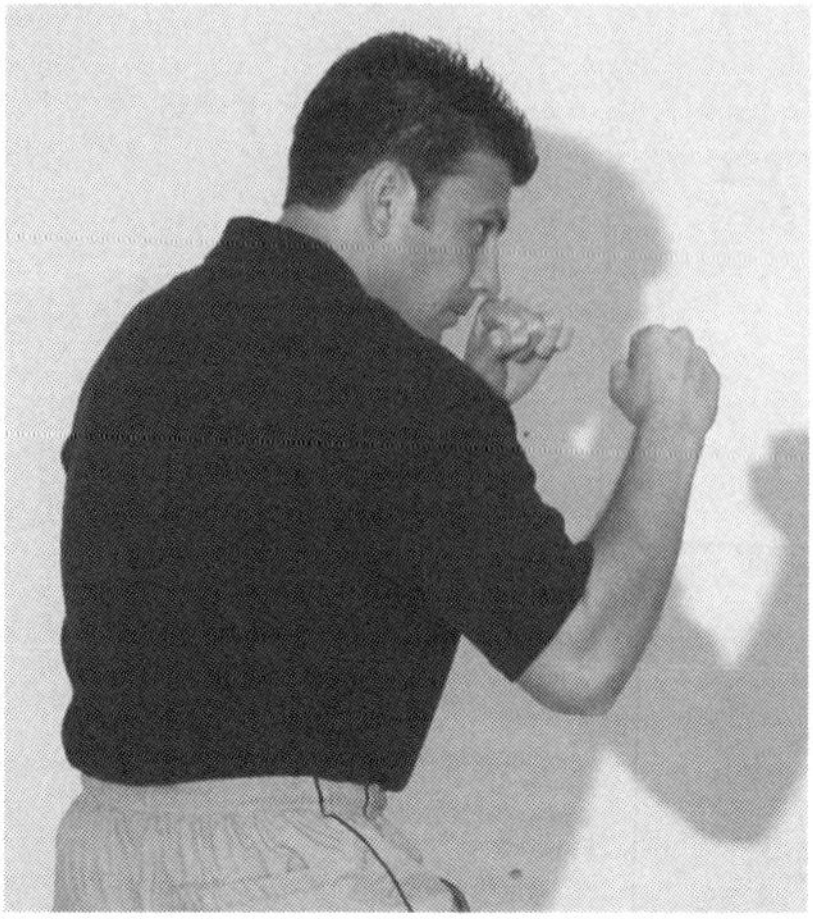

〈図 23〉 フロント・ハンドの正しくないポジション。肩の高さまで腕が上がり不要な緊張が腕にある。それによってパンチはスローなものになる

フロント・ハンド

前の手（フロント・ハンド）を正しく位置づけるために、これまで述べてきたスタンスで立ち、前の手（リードハンド）を側面に伸ばしてみる。そして肩は完全に力を抜き、約45度の角度で肘を曲げる。（図22参照）

左右の上腕の内側と胴体側面は、ほとんどスペースを空けないことだ。上腕が胴体から離れ、肩に力みがあると、エネルギーを無駄に消耗する。そしてパンチは遅くなる。

脇を開け、拳を相手の近くに置くほうが、スピードでの優位性を保てるというのは間違っている。それは三角筋を疲れさせるだけで、動きを鈍らせる。

膝を軽く曲げ、肘を体の側面にくっつけることで、よりポテンシャル・エネルギーを蓄えることが出来る。この体勢ならどこへでも打ち込める。

逆に既に腕を伸ばした状態だと、自由の利かない疲労した腕と同じ事なのだ。（図23参照）

照準器：リードハンドの更なる正確なポジショニング

誰かを前に立たせ、右手を挙げ人差し指で指差してみる。指はどこを指しているか？　それは相手の鼻にターゲットされていなければならない。もし、例えば相手の足などを指している場合、鼻先を狙うようにやり直すこと。もし空を指しているならば高すぎる。ふたたびやり直すこと。そのままの状態で拳を握る。これが正しい手の位置だ。（図24、25、26参照）

〈図 24〉　手の位置が正しいかどうか確認すること。人差し指を伸ばし、それがターゲットを指すこと。この場合は相手の顔

〈図 25〉　拳を握る。これがリード・ハンドの正しいポジション

〈図 26〉　正しい手の位置からまっすぐに拳を打ち出す。これこそがリード・ハンドを使った最速で相手をヒットする方法だ

〈図27、28〉　左の男の手は低すぎる。相手の膝を狙うことになる。その結果、ストレートを打ち込む前に拳を上げなければならない

〈図29、30〉　もし高すぎると、空を指してしまう。その結果、打ち込む前に手を下げる必要がある

右手は照準器だと思って欲しい。正しい手の位置を守り、常に射程距離内にターゲットを捉えること。そうすることは、打撃の正確性とスピードも増すことになる。

なぜなら、すでに正しい位置に手は置かれていて、打つために何か調整する必要がないからだ。慌てず騒がず、ただ打ち込むだけである。

もし手が高すぎたり低すぎたりすると、前の手を低くしたり、高くしたりしてからでないと、打ち込めない。この余分な動きはスピードを遅くするばかりか、こちらの攻撃意図を示すテレグラフィック・パンチにもなる。（図27、28、29、30参照）

体幹部の回転

後ほどより詳しく述べるが、ここではインパクトの瞬間における正しいアライメントと、臀部の旋回の関係について少し詳しく触れたい。

まず臀部の（反時計周りの）旋回と同時に、リード側の腕を伸ばす。臀部の旋回に、肩もそれをフォローする。（図31、32参照）

〈図31〉正しいスタンスからのリード・ストレート

〈図32〉腕を伸ばしながら臀部を旋回させる。自分自身への打撃部分を減らしているのが分かるだろう。正中線は事実、攻めることができない

臀部と肩を、反時計回りに旋回させることで、実際に相手からの攻撃部分を狭めることが出来、相手からのカウンターの可能性を減らすことができる。

〝Tao of Jeet Kune Do〟(注16)、およびエドウィン・ヘイスレットの〝Boxing〟(注16)には、このことを「正しいスタンスの付加的な利点」と記している。

ところで現代のボクシングではジャブを打つ時、このメリットを享受できていない。横拳でのジャブは、敵からの攻撃部分をまったく狭めることは出来ない。

ストレート・リードだけが攻撃と同時に正中線を守る方法である。

ストレート・ヒットを正確に

我々がこのパンチを、ストレート・ヒッティングと呼ぶには理由がある。オン・ガード・ポジションから右手はストレートに打ち出され、同じ軌跡を辿って即座に引き戻される。

既に〝照準器〟を使って、射程距離内に相手を捕捉する方法は述べたが、それによってパンチはまっすぐに伸び、かつ命中の正確度を増す。

他にストレート・ヒッティングが寄与する重要な要素に、前側の肘の置き場所がある。それは胴体にぴったりと付けられていること。もし胴体から離れすぎていると、相手を射程距離内に捕らえておくことが困難になる。間違ったポジションではどこを指すことになるか気付いて欲しい。

相手からの攻撃部位を少なくする防御的な意味合いからも肘をぴったり付けておく。(図33、34参照)

〈図33〉 肘先が体から離れている。この位置から人差し指を伸ばしたら下方側面を指すことになるだろう。リード・ストレートを放つには、何にも増して前手を中心に位置して引き上げられていなければならない

〈図34〉 リード・ストレートを打てる正しい肘の位置。右肘を体に付けることで手を正しい位置に導き、結果として更に有効打と化す

MAXなリラックスを

他のスポーツや、メンタル・アーツなどと同様、精神と肉体両方のリラックスは、〝Tao of Jeet Kune Do〟のなかでも繰り返し述べられることである。

いかなる動作にも筋力の運動時の相互作用が生じている。これは各部の筋力が、主動、相乗、安定、中立、

そして拮抗によって関節部につながり、最適な動きをしているということだ。（注17）主動の筋肉は、動作のメインの仕事をする筋だ。（注18）

最大の効果を上げるためには、的外れな動きや不要な緊張は、最小にしなければならない。実例としてストレート・リードを行う時、まず拳を押し出す。この時、上腕三頭筋が主動筋として動き始める。拮抗筋はメインの動きに対して正反対の動きをするが、この場合は上腕二頭筋がそれにあたる。この筋肉は引く動作にかかわる筋肉だ。

ストレート・パンチを打つ時は、上腕三頭筋を作用させ、上腕二頭筋はリラックスさせておきたい。手を引っ込める時は、今度は正反対の作用が要求される。上腕二頭筋が主動筋としてメインに働き、上腕三頭筋は拮抗筋として働くため、リラックスした状態にしておかなければならない。

拮抗筋が主動筋の動きを邪魔すると、動きはスローになり、疲労も招く。敵と戦うには困難な状態であり、動いているだけでも辛い。不要な緊張を維持すればエネルギーを浪費するのだ。

右上腕を胴体から離して保持する代わりに、体の側面で休ませておくのはこのためである。上腕を胴体から離して保持するには、上腕を支えておくための余計な筋肉の収縮が必要になる。上腕をその場所に保持するためだけに、常に三角筋を働かさなければならなず、〝疲れきった状態で〟パンチを打つはめになる。

前側の上腕を常に上体から離して構えているファイターに出会った時には、そのファイターの前側の手は速く動かない事を察する事が出来る。

同様に、精神や肉体が全体的な緊張状態にある時には、体の動きが遅くなる。主動筋と拮抗筋が同時に働いてしまうと、主動筋は目的の動作をする前に拮抗筋の逆反応を乗り越えなければならなくなる。やはり動作は遅くなってしまう。

むろん、言うは易し、である。真のリラックス状態には、メカニクス（力学的機構）をマスターして初めて到達できるのである。

正しいフォームと一連のメカニクスは、主動筋の活動を最大化しながら、拮抗筋の活動は最小になるように作られたのだ。これは運動神経のプログラムであり、長期間の訓練によって培われるものである。そして精神的リラックスは、戦いの経験によってのみ培われる。

主動筋を使う間に拮抗筋を完全にリラックスさせない事が非生産的なのは、明らかである。よって、かのダイナ・ワシントンの歌の様に、〝リラックスＭＡＸ！〟を心がけること。

ボディ・フィール

このスタンスの章を締めくくる前に、そしてフットワークやストレート・リードのしくみを探究するまえに、ボディ・フィールの重要性を強調したい。

いかなるスタンスや動きの適用も、それらは常に運動神経の複雑なプロセスを必要とする。

運動することにおいて、身体がこなさなければならないすべてのプロセスについて考えてみよう。

まず外部と身体内部から派生する〝感覚的情報〟がある。

外部からの刺激は環境から来る。それは草の表面とコンクリートの表面の違いを感じるようなものだ。

内部の刺激は各器官から生じるようだ。例えば筋肉繊維内にある〝筋紡錘〟は、筋肉の収縮時にその長さと速度を感じる。

よって、感覚的な情報とは、身体が適切に反応できるよう神経によって〝解釈〟される。これが神経の統合機能といえる。

すなわち、神経系統はそれらの情報をニューロンのエフェクター部に送り、それによって筋肉は正しく反応を示す。考えてみればちょっと凄いことだと思うが、どうだろうか？

新しいテクニックを学ぶにつれ、身体は新しい種類の神経経路を作り上げる。神経は、身体が新しい固有の動きのなかで、その情報に同化し反応するようになっている。

ビギナーにとって、多分、オン・ガード・ポジションのスタンスはややぎこちなく感じることだろう。しかし、それで良いのだ。身体は勝手に、それを適切なものとして、今後プログラミングしていくだろう。ボディ・フィールを強調するわけは、そうした身体のプログラムが、正しいものだという確信を持ってもらうためだ。間違った動きや不要な癖をつける為ではない。むしろ悪い癖があるとしたら、それを壊し、そして修正するだろう。

〝Tao of Jeet Kune Do〟のなかでブルースは、運動感覚の知覚、あるいは〝それの感覚をつかむ〟として、このことについて述べている。

特筆すべきなのは、ブルースがただ単に動きについて述べたのではなく、スタンス・姿勢について同様に述べていることである。（注19）

すべての肉体的トレーニングは、運動感覚の学習だ。この本で述べられている多くの事は、目の肥えた者にも、なかなか気付かれない、されど、とても重要な事だという事を強調しておく。

オン・ガード・ポジションからある動作を行ったとして、その動きが更に顕在化するのは、オン・ガード・スタンスから始めたが故なのだ。

この本の写真のポーズを真似るだけではダメなのだ。描写した〝感覚〟を、しっかりとつかんでいなければならない。

右肩は完全にリラックスしているか？

体重と位置エネルギーは両足の中間に感じるか？

左足のボール部にすべての力の集中を感じるか？

スリー・ナックルが対象物についた時、パワー・ラインの強固さを感じるか？

左足の踵は十分上がっているか、あるいは上がりすぎていないか？

踵については、最も適切な例だろう。ハーフ・インチあるいはワン・インチ、適切な高さから上がり過ぎていることは指導者が見ても分からない。

誰もが解剖学的にほんの少し違いがあるのだ。本人がそれを感じるしかない。もし踵が上がりすぎているなら、重心も同様に上がりすぎていて、安定性を欠いていることだろう。低すぎるなら、スプリングのような俊敏性を失っている。

ブルースは次のように述べている。

「的を絞って、足の〝踵、上足底、甲〟のそれぞれのボディ・フィールを、〝ちゃんとチェックする〟こと」（注20）

常に十分な時間をかけて立ち止まり、それぞれのアライメント、姿勢、テクニックについてどのように感じるか、自分自身に問いかけること。

単に動きについてなぞるだけでは、十分とは言えない。見かけ上、本書で示した写真の様に足と腕がキマった状態だったとしても、それだけでは正しいスタンスを取っているとはならないのだ。

左足からのすべての位置エネルギーを感じなければならない。重心が機動性と安定性の正しいバランスを保っていることを感じなければならない。そして対象物を打った時、もしそれが良いヒットだったとしたら、それを記憶に留め身体に覚えこませる。

ジークンドーの〝ルーツ〟に戻ろう。

「真の知識は〝ボディ・フィール〟を生む。表面的な知識は〝機械的な条件付け〟を生む」（注21）

一旦、ジークンドーのスタンスに慣れてしまえば、後は自分の身体に尋ねることだ。そうすれば、技術を磨き上げる過程で、力を生み出し、それを目標（敵）に送り届けるベストなポジションにどのように持っていくかは、体が習得するだろう。

ジークンドーは思案をめぐらすことではない。それは有形のものなのだ。ストレート・リードの真の理解は、頭ではなく、身体に宿る。

自らで知る

ボディ・フィールについて多くを述べた。ちょっとした実験をしてみることで、自分自身で何がストレート・リードを効果的にしているのかを感じる事ができる。

〈図 35、36〉　正しいジークンドーのスタンスに、力を加えてもらい。その衝撃感を覚える

〈図 37、38〉　詠春拳のスタンスに、力を加えてもらい、その衝撃時の感覚を覚える

まず、正確なジークンドーのスタンスをとる。友人か誰かに掌であなたの拳を打ってもらう。ちょっとの間、その力をどのように感じるか記憶してほしい。（図35、36参照）

今度は伝統的な詠春拳の平行に近いスタンスで相手の前に立ち、前方に向けて拳を伸ばす。

そして、相手があなたの拳を掌で打ったとき、あなたはバランスを崩す感覚を持つだろう。身体のどこが一番大きな衝撃を感じるだろうか？　肘？　それとも臀部？（図37、38参照）

次は現代ボクシングのスタンスを様々に変えてやってみよう。

まず、自分の中心から相手に向ってまっすぐなラインをイメージする。ラインに対して30度の角度を取るように右足のつま先を向ける。それから、左足の土踏まずの部分の下をそのラインが通るようにして踵を下ろす（写真の足元の三角形のラインに注目）。この状態でパートナーに拳を押してもらう。小さい手ごたえしか感じないはずだ。（図39、40参照）

今度は、左足を地面のラインから離しオープン・スタンスをとる。押されると安定が悪い。（図41、42参照）

その次に、狭いスタンスをとってみよう。右足のつま先と左足のつま先を一直線上に揃える。狭すぎるスタンスだ。図43、44を見て欲しい。押されると42と比べてどれくらい違うのか感じ取る。

では今度はジークンドーのスタンスに戻ってみよう。床の線に対して前足のつま先を揃え、後ろ足は土踏まずの位置にそれを通して正しく足の位置を決める。ナディがやるように左の踵を上げること。これこそが完全なるファイティング・マシーンのポジションだ！

相手に拳を打ってもらうと、最初に行った詠春拳のスタンスとは明らかに違う気付きがあるだろう。よりバランスが良く、身体の各部分にいかなるストレスを感じることもなく、衝撃を吸収することを感じる。

〈図 39、40〉　掌を下向きにし踵をつけた現代ボクシングのスタンスに力を加え、その衝撃時の感覚を覚える

〈図 41、42〉　掌が下に向き、体が開きすぎのボクシングのスタンス

〈図 43、44〉　狭いボクシングのスタンスに力を加える。衝撃時にどのように感じるかを覚える

〈図 45〉 臀部を旋回させ肩を最大限まで伸ばしきってみる

最後にやって欲しいことがある。

腰部を旋回させ肩を最大限まで伸ばしきってみる。これがジークンドーの適切なパンチを放つ要点だ。重心は低いまま、相手からの衝撃は嘘のようになくなり石のような強固さを感じる。（図45参照）

ニュートンの第三の法則を思い出して欲しい。最初の物体が二番目の物体に力を加えると、二番目の物体も同じ強さで反対向きの力を最初の物体に与える。

この法則を、実際にサンドバッグを打つことで体験してみる。

サンドバッグを打てば、サンドバッグは同じ力をあなたに押し返す。時に正面にしっかり打ち込めないと、妙な衝撃がサンドバッグから跳ね返ってくる。

ジークンドーの考え方では、アライメントをしっかりとることで、この衝撃を小さく受け止めることを考えている。パンチを打った時、その反動を最も良い形で受け止めるのだ。

そして、同時にもっとも効率的に強力なパンチを放っている。

アライメントを決めることは、〝キネティック・チェーン〟（後述）の考えに基づいており、力のロスはない。別の言葉で言うならば、どんなパワーをロスする要素とも無縁なまま、すべての力を敵に向かってまっすぐに打ち込むことになる。

以上が、ジークンドーのスタンスに関する概要だ。

私たちは時に、ニュートンの法則による適切なパンチのテクニックが、実戦で生き残る術だという事実を見落としがちだ。正しいストレート・リードは関節、腱、靭帯などへの負担を最小にする。それらはすべて科学的で、正確なものを実践するかどうかの問題なのだ。（注22）

Notes

1　Bruce Lee, ed. John Little, *Jeet Kune Do: Bruce Lee's Commentaries on the Martial Way* (Boston: Tuttle Publishing, 1997), pp. 385-386.

2　同上 pp. 51-53.

3　ブルース・リーが右手と左手のどちらも前側にしても有益だと述べたと主張する者がいるが、彼の書き残した物の何処にもそんな事実は見当たらない。彼は利き手側を常に前側にとる事を強調している。

4　James E. Loehr, *The New Toughness Training for Sports,* (New York: Penguin Books, 1995), p. 167.

5　Aldo Nadi, *On Fencing,* (Bangor, ME: Laureate Press, 1994), p. 51.

6　Lee, ed. John Little, *Jeet Kune Do: Bruce Lee's Commentaries on the Martial Way,* p. 193.
186ページにもピストンと引き金に関してのより多くの引喩が見られる。

「左の踵は上方に引き上げられ、引き金を引く準備をしておく。それはピストンだ。より機敏に（動く）為に、より速いフットワークと駆動の為に、よりパンチに力を込める為に」

7　Nadi, *On Fencing,* p. 51.

8　Lee, *Tao of Jeet Kune Do* (Santa Clarita, CA, Ohara Publications, Inc., 1975), p. 146.

9　Edwin L. Haislet, *Boxing* (New York: A.S. Barnes & Noble Company, 1940), p. 2. ヘイスレットのバランスに関しての記述は足のポジションによって決定されたベース内に重心を保つ事を殆んど教科書的な定義で強調している。
「ボクシングの第一の目的は相手をヒットする事だ。それゆえに基本的位置を何処にとるかという事は効果的にヒットする為の一番有利に働く位置を獲得する事なのだ。同時に効果的にヒットする為に絶えず脚から脚へ体重を移し変える。これはボディバランスの完全なコントロールを意味する。バランスは最も最重視されるべき事だ。それは身体の正しい配置によって可能となる。両足、胴体そして頭部（の位置）はバランスの取れたポジションを獲得し、維持する為に全てに渡って重要だ。腕は身体の力の伝達手段の為だけに重要なのだ。腕は身体が正しい配列になっている時のみに身体の力を伝えられる。手と腕の正しい配置は身体を楽に“表現”する手助けをする為に重要だ。足の位置はその場所とバランスの両面において重大な影響を持つ。足が互いに適切なリレーションを保ち続けるだけでなく体が正しいアライメントを保持し続ける様にする。」

10　Lee, ed. John Little, *Jeet Kune Do: Bruce Lee's Commentaries on the Martial Way*, p. 186.

11　Nadi, *On Fencing*, p. 51.

12 *Knowing Is Not Enough: The Official Newsletter of The Bruce Lee Educational Foundation.* (Vol. 3, No. 3, ISSN: 1033-1325, pp 14-17).

13 Jack Dempsey, *Championship Fighting: Explosive Punching and Aggressive Defence* (New York: Prentice Hall, Inc., 1950), p. 34. Dempsey's description of the Power Line:
デンプシーがパワーラインについて述べている。

「拳を握った時、パワーラインは一方の肩から走り出して、まっすぐに腕を通り拳の小指に達している。パワーラインの終わりは拳頭の小指の部分だという事を忘れてはならない。新たな敬意をもって“ピンキー（小指）”を注視する事だ。ピンキーの拳頭部分をパワーラインの出口と呼ぶ事も出来る。大砲の砲口だ。もし（パンチを打った時に）それを感じたなら理解出来る筈だ。」

14 Lee, *Tao of Jeet Kune Do*, p. 53.

15 同上 ., p. 33. ブルースはヘイスレットの本から正確な引用をしている事がわかる。注 16 を参照。

16 Haislet, *Boxing*, p. 4.
ヘイスレットは腰部の回転とその利点について書いている。

「胴体に関して重要な事は前側の脚とで直線を作り上げる事だ。前側の足と脚を内側に向かってねじり、身体も同じ方向に回転し相手に対して幅の狭い標的を作る。しかし前側の足と脚が外側に回転してしまうと身体は相手に対して正面を向き大きく標的を晒してしまう。防御目的には狭い構えは利点となり正面を向いてしまう事は自ら相手の攻撃に手を貸してしまう事になる。」

17　Michael A. Clark and Rodney J. Corn, NASM *Optimum Performance Training for the Fitness Professional* (Calabasas: National Academy of Sports Medicine, 2001), p. 45.

18　同上 ., p. 356-357.

19　Lee, *Tao of Jeet Kune Do*, p. 51.

20　同上 ., p. 154.

21　Lee, ed. John Little, *Jeet Kune Do: Bruce Lee's Commentaries on the Martial Way*, pp. 385-386.

22　See William Cheung and Ted Wong, *Wing Chun Kung Fu/Jeet Kune Do: A Comparison Vol. 1* (Santa Clarita, CA: Ohara Publications, Inc., 1990), p. 19,
テッド・ウォンのスタンスを見る事が出来る。

CHAPTER 4 ストレート・リードのメカニクス

前章までは、ジークンドーにおける適切なスタンスについて述べた。ここからはストレート・リードを動かしている実際のメカニクス（仕組み）について述べる。

これらのメカニクスを本当に理解するには、いくつかの物理学の基礎を考察する必要がある。

ここ数年の間に、私はストレート・リードが実に驚異的な技術だと認識するに至った。生体力学と物理学、そして格闘科学の歴史を調査する中で、ブルース・リーはその時代の先を行っていた。そして多くの人々の現在のパンチの打ち方から判断すると、彼は今でも遥か先を行っているのである。

実際、ストレート・リードとは、科学を応用した美しき見本——物理法則に裏打ちされた詩的モーションなのだ。

ストレート・リードに潜む原理

メカニクスについて述べる前に、ブルース・リーが示した〝リード・パンチの本質〟を記憶しておいて欲しい。

・フォームの効率性
・正確さ
・スピード
・爆発的な力（注1）

各部位の合計以上のもの

これも覚えておいて欲しい。ストレート・リードは体の各部位のすべてを集めた力以上のパワーを発揮するものだということを。少ない動作は、少ない時間とエネルギーに等しいという考えだ。

誰でも、体の一部位だけを必要以上に大きく動かしたくはないはずだ。例えば、腕の動きだけでパンチを打つと、体重が乗らず威力が小さくなるばかりか、その動きまで遅くしてしまう。

もちろん余計な疲労も招く。一組の筋肉だけを使い続けると、他の筋肉が支援する場合に比べて、早く疲れてしまうからだ。

それがストレート・リードにおいて、足と腰部が非常に重要な理由である。

腕は、それ自体で非常に早く動かすことが可能だ。だが、もし手がいくらかの距離をカバーし、足もいくらかの距離をカバーすれば、より早く相手に届かす事ができる。

そして、後に詳しく述べるが、腰部の回転が更なる加速を与え、更なる加速は更なる力となる。

キネティック・チェーン（運動連鎖）

パンチが持っている力は各部位の合計以上になるという原理を、生体力学の世界では「キネティック・チェーン（運動連鎖）」という。この〝体重を乗せるベストな方法の科学〟と言われるものは、スポーツの世界では新しいものではなく、それを成し遂げるベストな動きの連動が「キネティック・チェーン」である。

キネティック・チェーンとは、速度と力、その他を、求められる結果を最大に生み出すように体の各部を協調して動かす事だ。（図46参照）

この原理は、多くの運動技術に応用できる。フットボールのパス、ゴルフのスイング、野球のピッチング、バレーボールのサーブ、サッカーのインステップ・キック、そしてそう、ストレート・リードにも。

ストレート・リードに当てはめると、キネティック・チェーンの趣旨は、終端部位である手を、最も有利な速度、最大の力を生み出すためのベストなポジションに配置する事だ。

正しい各部位の動きは結果として、それらの合計以上の力を生む。

これが腕だけのパンチをやめさせる理由である。それは効率の悪いパンチの打ち方に他ならない。スピードは遅く、最小の力しか生み出さない。腕は、腕以上の力は出せないのだ。

しかし地面をプッシュし胴体を回転させることで、体重のすべてを腕に乗せて打ち込むことが出来る。

これこそが、すべてのスポーツのメカニクスに共通する真実だ。

〈図 46〉　腕力のみの時よりも強烈なフック・パンチ

連動性

パンチやキックに関しては、ジークンドーとはまさに、自分の体重を最も上手に振り回す方法を追及する科学である。

ブルースが言うように、パンチとは「腕の力だけではない。足、腰、臀部、肩、そして手首を正確なタイミングで使い、打ち込むことだ」（注2）

〝正確なタイミング〟というフレーズに注意して欲しい。単なる腕打ちを避けるために、ストレート・リードでは複雑なステップを経る必要がある。原則的に以下の順番で6つの明確なステップとして考える必要がある。

1. 手
2. プッシュ・オフ
3. 腰部の旋回と肩の伸長
4. 標的との接触
5. 前足の着地
6. 後ろ足の着地と手の引き戻し

以降、これらの各ステップについて詳しく見ていこう。時折、別のステップの話に及ぶかもしれない。いくつかのステップは互いに重なる部分があるからだ。

ステップ1：常に手が足より先

ストレート・リードはジークンドーにおいて最も難しいテクニックであり、このパンチの最初の動きこそ、最も習得が困難な段階だ。

手は他のいかなる動きにも先駆けて動かなければならない。それは極めて不自然な動きだ。例えば人が走る時には、普通は腕と足の動きを同調させるものだ。ストレート・リードに関しては、これは当てはま

〈図 47〉　オン・ガード・ポジションからの開始点

〈図 48〉　リード・ハンドは常に足が動くよりも先に動作に入らなければならない

らない。(注3)

〝手が足より先〟という考え方はフェンシングから来ている。ブルースはナディの次のような記述から手掛かりを得た。

「剣を突き込む時は右足が動くよりも先に腕を伸ばさなければならない。これは永久に心に銘記しておかねばならないルールといえる。〝常に手が足より先〟なのだ」(注4)

〝Tao of Jeet Kune Do〟の中でブルースによるナディの言葉の引用を見ることが出来る。

「一つの重要なポイント：すべての手技において、足に先駆けて手が第一に動くこと。〝手が足より先〟を常に心懸けよ」(注5)

ナディの言葉にはいくつかの理由がある。まずはスピードの問題だ。手と腕はいつでも足や胴体よりも速く動かすことが出来る。結果、パンチはより早く標的に届くことになる。(図47、48参照)

ここで〝ニュートンの運動の第一法則〟を紹介しておこう。

「静止した物体、あるいは等速で直線的に運動している物体は外力を加えられない限りその状態を保つ」というものだ。

ジークンドーにおいても、オン・ガード・ポジションを保って静止している時は、体は慣性により静止した状態にある。筋肉の力が手や足を動かすと同時に、体が動き出し、静止状態から抜け出すことが出来るようになる。

また、〝ニュートンの運動の第二法則〟は、「物体の加速はそこに働く力に比例し、物体の質量に反比例する」というものだ。別の言葉で言うならば、物体の質量が小さいほど、それを加速させるのは簡単だということだ。

よって、ジークンドーのオン・ガード・ポジションで静止した状態にある時、手を突き出す（加速させる）ことは、手よりも重い胴体や脚を動かすよりもずっと簡単であると考える。

ニュートンの運動の第二法則は、次の方程式によって表される。

力（Force）＝質量（mass）×加速度（acceleration）

これがジークンドーの中心となる原理である。

ブルースは身長168㎝、体重は54kgから64kgだったが、彼よりも大柄で体重のある男性よりも強力なパンチやキックを放つことが出来た。この方程式は、裏を返せばブルースが、ゼロから一瞬にして凄まじい加速をかけて体格の不利を補っていた事実の説明に等しい。

初心者にとって〝手が足より先〟は、ぎこちなく感じるし逆効果に思うかもしれないが、これこそが実際にはストレート・リードにとって力を生み出す大事な要素なのである。加速度の増大はもちろん、敵をヒットする可能性も向上させる。

〝手が足より先〟によって、ジークンドーのジャブは相手を欺くものにもなっている。

もし手だけが先に動くとしたら、相手に気付かれる前に、拳は既に半分の距離まで迫っている。バシッ！っと、相手は、あなたがパンチを打ったと認識する前に頭を跳ね飛ばされているだろう。

もし手よりも先に、胴体や足がわずかでも動いたとしたら、そのどちらも大きくて視認され易く、また加速しにくいために、あたかも電報を打って知らせるように（テレグラフィック）、相手にこちらが打ちこむ意志があることを露呈してしまうことになる。

〝手が足より先〟は、ストレート・リードの不可欠な要素だが、習得しようと試みれば苛立ちを感じることだろう。

歩く時や走る時に見られるように、普通日常的に、我々は手と足を無意識にリンクして動かす事に慣れている。

前の手を、足よりわずかに先に動かそうと練習をする中で、始めのうちは手と足を同時に動かしてストレート・リードを出したくなるかもしれない。だから、鏡を使って視覚的なフィードバックをして欲しい。

そして、練習する時は、ゆっくりとした動作で始め、正しい連動性の感覚を掴むために時間を費やすこと。

ジークンドーにおけるテクニックの実行とは、どんな肉体的な試みもそうであるように、運動感覚をつかむことなのだ。辛抱強く取り組んで欲しい。他のすべてのものと同様に、神経と筋肉のプログラムの問題なのだ。

ノン・テレグラフィックであれ

ストレート・リードは、ノン・テレグラフィックという理由で特に危険である。既に述べたように、リード・ハンドを使う利点は相手に到達する距離が最も近いからだ。

しかしながら、これは正しく実行された時のみの利点である。あたかも矢の如くストレートが放たれ、そして同じ軌跡を描いて拳を引き戻す。

ジークンドーの〝ルーツ（根）〟と一貫性を持ってブルースは書いている。

「すべてのパンチやキックにも言えることだが、パンチは一切の不要な動きのないスタンスから始めなければならない」（注6）

これは当たり前のことのように聞こえるが、デンプシーはこの点を、「ノン・テレグラフィックであることは価値ある特徴である」と繰り返し強調している。（注7）

いつもと同じ様に、パンチの打ち始めから打ち終わりまでの無駄を無くして合理化することは、パンチを読まれにくくし、パンチの更なるスピードとパワーを生むことになる。

ステップ2：プッシュ・オフ

拳を打ち出すこと数ミリ秒の後に足が動く。フットワークの章で述べるが、これが〝プッシュ・オフ〟

である。

ジークンドーの大部分が、体重を自在に操る最良の方法の科学だとしたら、プッシュ・オフはその体重を動きに転化するものだといえる。

ナディの言葉以上にプッシュ・オフについて雄弁に語ったものはない。

『左の踵を常に若干浮かせて、いつでもトリガーを引けるように脚を引き上げて準備しアクションに移る。すべての創造において、最高に強力なスプリングの利点を手にすることが出来る。足の土踏まず部分、それ自体が剣を突いた時、足の拇指球部で地面に圧力をかけることを通じて、とてつもないパワーを解放する』（注8）

ややドラマチックに聞こえるかもしれないが、どうだろうか？　左脚の重要性、さらに具体的に言えば、弾力性のあるその土踏まずの部分は、ジークンドーにおいて、どんなに強調してもし過ぎることはない。左足の土踏まずからプッシュ・オフは始まる。ここがパンチの速さと威力を決定する。

スタンスの章で取り上げた2、3のことを思い出してほしい。

一番目、重心を両足の内側に感じること。それはポテンシャル・エネルギーが宿る場所だ。より具体的に言うならば、左足のボール部はすべての荷重、緊張、そしてポテンシャル・エネルギーを一方向へダイレクトに集束させるべき場所だ。

ニュートンの運動の第三法則を見てみよう。

〈図 49〉　プッシュ・オフのパート１：左足で地面をプッシュして前方に飛び出す

「地面に対して働かせた力は、足を通じて大きさが等しく逆方向の力を働かせる」

これがどのように地面から押し出されるかの説明であり、生体力学ではこれを〝グラウンド・リアクション・フォース（地面反力）〟と呼ぶ。（注９）

もしプッシュ・オフの力が分散し集中していなかったとしたら、例えば、いくらかの体重が左足の外側に掛かっていたとしたら、静止した状態から動きに転ずるのに余分な力が必要になり、スピードは遅くなる。（図49参照）

二番目として、コントロールされたプッシュ・オフが望ましい。

ブルースは小さなステップで思いのままになるプッシュ・オフを強調している。

バランスのために距離を犠牲にしたくはない。常に完璧なスタンスを保つ事を覚えておくこと。本質的にはオン・ガード・ポジションを乱すことなく、A地点からB地点に移動しているのだ。

またプッシュ・オフは飛び出すことだと覚えておくこと。左足に宿るポテンシャル・エネルギーをすべて解放するのである。ナディが言及したパワーというもの、そしてジャック・デンプシーと、後にブルースも使った〝爆発的な力〟という表現に留意せよ。リード・ハンド（前側の手）を加速させるのと同じ方法で、パワーを生み出すために、全体重を加速させる。そうするためには地面からの激しい爆発が要求される。

わずかな傾き：こっそりと慣性を

腰部の回転に移る前に、プッシュ・オフが、ただ単に地面をプッシュする以上のものだと気付くことが重要である。

ニュートンの運動の第一法則から、ストレート・リードを打つには静止状態から抜け出す必要があることを思い出して欲しい。概ね、オン・ガード・ポジションを取った場合、体重は左右の足に等しくかかっている。

しかし、ストレート・リードを打とうと準備する時、実際には前側の足にほんのわずかだけ体重を移し、より少ない力で体重をパンチに移行できるようにする。

この体重移動はほとんど知覚出来ない。左腰部をわずかに旋回させることで、左膝は少し伸びる。左踵も1、2インチほど更に上がるだろう。これにより上体が開き、体重が前方にシフトする。繰り返すが、ほとんど知覚出来ないものの、動こうとする方向へあらかじめ体重をシフトすることで、静止状態の慣性

を乗り越えて、体を前に進めることが少し楽になるのだ。(図50、51、52、53参照)

この小さな体重移動は、銃の撃鉄を起こしておくのに似ている。銃を撃とうとしている時だけこれを使用する。

またこの体重移動は、かろうじて静止状態の慣性に勝つ程度の物で、バランスを崩す程の物ではない。

この僅かな体の傾きは、〝Tao of Jeet Kune Do〟の中に証言を見つける事ができる。その中でブルースは語っている。「重心をわずかに前にずらせ」と。(注10)

〈図 50〉 スタンスから始める

〈図 51〉 わずかな傾き。左踵がわずかに上がり、体重が前方へシフトする

ダイレクト・モーションへの道

パンチに関係する3方向の動きについて述べる。

一番目は、リニア・ホリゾンタル・モーション（直線的水平運動）。つまり直線的な水平の動きだ。ジークンドーにおいては、前方・後方への動きを意味する。

二番目は、リニア・バーチカル・モーション（直線的垂直運動）。ごく簡単に言えば、地面に対して上下、垂直に動くことだ。飛び上がったり、落ちたりするのが、その実例に当たる。アッパーカットを打ち込む時の脚の動きにも含まれている。

最後は、ローテーショナル・モーション（回転運動）。軸で回る動きとして定義される。ヒンジの付い

〈図 52〉　スターティング・ポジション

〈図 53〉　前方に傾くと、体はわずかに右に向く（回る）。これがスタンスを開かせ、それによって腰部の回転の空間的な余裕も生まれる

たドアが、開いたり閉じたりするのを想像して欲しい。

プッシュ・オフ、動きの方向、そして着地の正しいタイミングの重要性の話に間もなく戻るが、その前に腰部の回転と肩の伸張について述べる必要がある。

ステップ3：ヒップ・ローテーション（腰部の回転）と肩の伸張

ストレート・リードにおける第三のステップを理解するために、放物運動と呼ばれる典型的な動きについて述べよう。

放物とは、空中もしくは空間を進み、重力のみに作用される物体と定義される。（注11）もし真っ直ぐ前に矢を放てば、その矢は曲線を描き、やがて下降し地面に突き刺さる。この下降する動きは重力の結果であり、下方への垂直的な力が矢にかかっている。

もし重力が無ければ、矢は永遠に真っ直ぐ飛び続けるだろう。しかしながら、重力のために実際には2つの方向に動いている。つまり水平に真っ直ぐ前へ行く動きと、地面に向かって落ちて行く動きだ。地面に引っ張られるにつれ、水平のスピードは落ちていく。ストレート・リードを打つ時、体は同じ様な曲線軌道を描く。放物の軌跡は図54のように示される。

ストレート・リードを打つとき、腰部の回転がこの重力の影響を相殺する役目を果たす。

まず、標的へ向けての加速の増大を可能にする。一旦、リードハンドを打ち出し、地面をプッシュ・オ

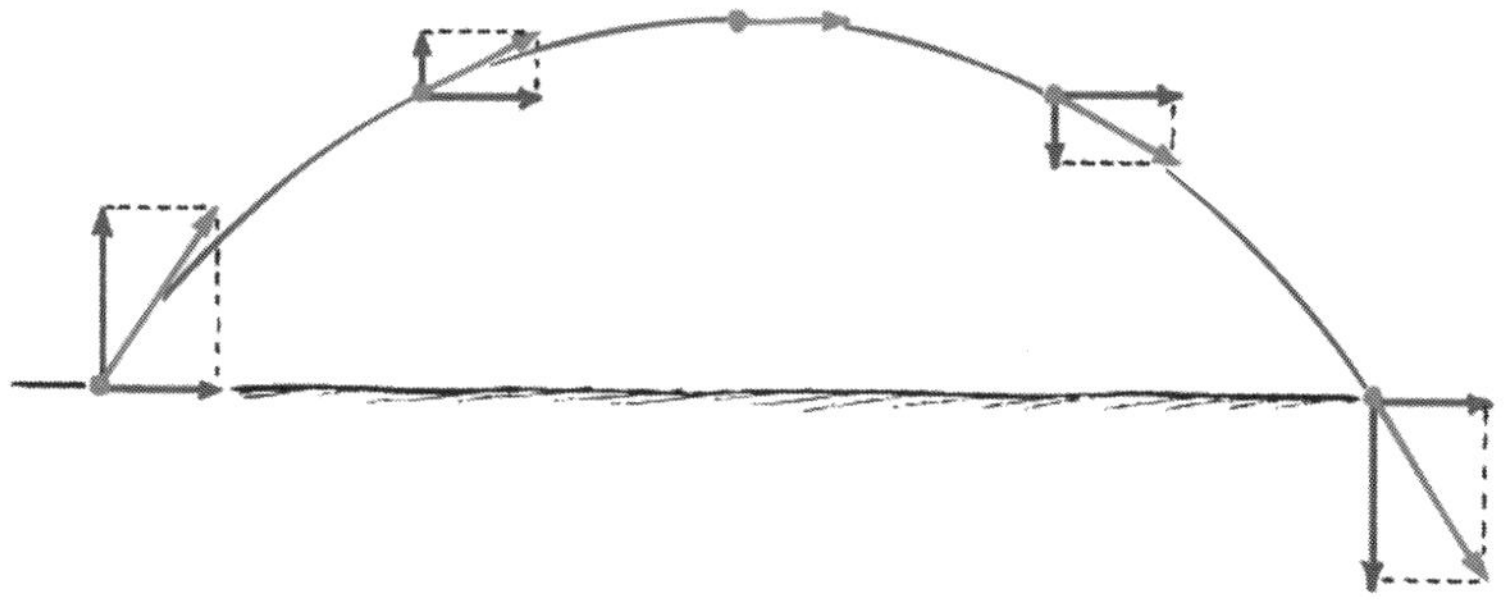

〈図 54〉　放物の軌道
出典：「Conceptual Physics, ninth edition」（Paul G Hewitt 著）
©Person Education inc　2002 年

フすると、重力で地面に引っ張られるにつれて、スピードが落ちる。しかしそれは我々の望むことではない！　最高潮の力を生み出すために、さらに加速を続けなければならない。

その為に胴体を回す。この話になるとテッド・ウォン師父は〝波打ち〟の比喩を使う。

砂浜で見たことがあると思うが、波は一つから始まり、他の波と一緒になる。元々2つだった大波が、さらに他の波と一緒になっていく。

また大きな波は、砂浜に近づくにつれてスピードを増していくことにも気付くだろう。それぞれの小さな波は、運動量と加速度を持ち、それが大きな波の加速度に加わるのだ。

暗礁の上を流れる危険な潮流は、小さな波を集め、やがて海岸で砕け散るまでスピードを増していく。（注12）

これがストレート・リードの連動性の背景にある原理である。それぞれのステップでスピードを増すことが重要だ。

最初に手を打ち出し、そしてプッシュ・オフ。プッシュ・オフの後半、重力によって下に引っ張られるが、素早い腰部の回転によって、標的に到達する直前までスピードを増し続ける事ができる。

加速のみが腰部の回転の利点ではない。ジークンドーの原則の一つは、パンチやキックにおいて、その接触時に標的に対して腰部の側面を向けることにある。体重を乗せていくベストな方法として、そうしなければならない。体重の多くは胴体にある。よって胴体を旋回させることで、ほとんどの体重をパンチに向けることが出来るのだ。

この原則は、他のスポーツでも当てはまる。

野球では、バットを振る力の大部分が、腰部を使って生み出される胴体のトルクに拠っている。テニスの技術がより高度化するにつれ、プレイヤーはクローズド・フォアハンド・スタンスから、腰部の回転をより大きく使えるオープン・スタンスに移行した。

ジョー・モンタナが記した〝Art and Magic of Quarterbacking〟には、腕力だけでパスを投げるのとは対照的に、いかにして体全体を使うかが記されている。そして、それに続けて正しいメカニクスが、いかに彼の腕を守り、長い選手生命に貢献したかを説明している。（注13）

ジークンドーでも同様だ。決して腕打ちを必要としない。デンプシーが彼の著書を通じて強調しているように、力強いパンチを打つ鍵は、体重をどのように使うかを知ることなのである。

スタンスの章で述べたとおり、腰部の回転はまた、自分に戻ってくる力を吸収するのにベストなアライメントに体を整列させ、さらに、我々を関節の損傷からも守ってくれる。

そして、それだけではない。その小さな腰部の回転により、決定的な最後の数インチのリーチを得られるのだ。腰部を回転させた時、パンチに〝肩を入れる〟ことが必要になる。肩を最大限、伸張させること。

しかしここで用心が必要だ！　後ろ足を伸ばすことによって、水平なリーチを更に稼ごうとしてはいけない。これは非常に良く見かける間違いだ。

〈図 55〉　後ろ足の膝を伸ばすことで力を足そうとしたり、パンチを届かそうとしてはならない。胴体が膝よりも前のめりになると、バランスとレバレッジ（ステップ４参照）を失う

〈図 56〉　正しい腰部の回転と肩の伸張。重心は低く保たれ両足の位置で決まる境界の中によく収まっている

リード・パンチが直線的に標的に向かって行くものであるため、すべてのパワーは直線的メカニズムから来ると考えがちだ。

しかし、そうではない。胴体の回転こそが力を生み出す決定的要因なのだ。

パンチの直線的部分は、主に腕の伸びとプッシュ・オフによって制御される。（注14）（図55、56参照）

よって、腰部を回転させ肩を伸長させる時は、スタンスの完全性を維持している事を確認する。

重心は低く保ち、両膝に余裕を持たせておく事。

〝コツ〟はズボンのストラ

〈図 57〉　スターティング・ポジション。パンツのストライプの位置に注目

〈図 58〉　肩と腕を伸ばしながらの回転。パンツのストライプは標的に向いている。しかし同時に、胴体は決して前の膝より前には出ない

イプ（縞模様）を見ることだ。ストライプは膝に余裕を持たせたまま向きを変えなければならない。わずかに前に傾く以外には、胴体は前方に動いていない。（図57、58参照）

回転の動作は、フックパンチなどの他のパンチの中でより大きな役割を果たしている。だがそれは、すべてのパンチにおいて決定的な要素であり、効果的なストレート・リードにも含まれている。

ステップ4：ついに到着！ インパクト時のストレート・リード

スタンスの章で、すでにパワーラインの考え方と、インパクト時にボトム・スリー・ナックルを当てることの重要性については述べた。それによりパンチに更なる力を乗せるのみならず、手や手首を負傷するリスクも減らすことが出来る。

ここで触れるのは、インパクトの瞬間で留意すべき、距離、正確性、そしてフォロー・スルーだ。

レバレッジ（勢いをつける）

ストレート・リードの打ち方を知っていても、適切な位置に居ない時にはほとんど役に立たない。明らかなのは、標的から離れ過ぎていれば届かないという事だ。

あまり知られていないのは、近すぎるのもやはり同じくらいだめだという事だ。間合いを詰め過ぎてはレバレッジを失う。

例えば、ベンチ・プレスを考えてみよう。バーを完全に胸につけた状態から押し上げ始める時は、ラスト3～4インチで腕を伸ばしている時よりつらい。最後の数インチは一番勢いがついている。これがレバレッジである。

〈図 59〉 インパクト時の正確な腕のポジションがレバレッジの最適な活用に繋がる

〈図 60〉 標的の後ろ３インチまでフォロースルーできるように、接触時は腕に過不足無い余裕を持たせること

ストレート・リードでも同様だ。拳が標的に触る瞬間に、だいたい3〜4インチ、肘を伸ばす余裕があると良い。それによってレバレッジが働き、打撃の瞬間に力が増す。よって、レバレッジを最大化するには、標的から適切な距離を保つ必要がある。（図59、60参照）

正確性

ここまでに、いくつかのステップを経て、話しを進めてきた。まず、ストレート・リードを、足が動く前に手を打ち出す事で開始した。

プッシュ・オフを使い、地面から爆発的に飛び出す。胴体と肩の回転により、手のスピードを増し、体重をパンチに乗せる。

そして完璧に間合いを計る。

しかしこれらすべては、標的に当たらなければ意味が無い。効果的なパンチを打つには、スピード、エネルギー、フォーム、アライメント、そして体重のすべてを自分の手のボトム・

スリー・ナックルの先の小さな一点に向けなければならない。これがフォーカス・ミットによる練習に価値がある理由だ。ヘビーバッグと違い、正確性についてフォーカス・ミットは嘘をつかない。

その練習のために、フォーカス・ミットの中心に小さな点をつけ、毎回、正面からそこを狙って打つこと。それには理由がある。ミットの外へ拳が滑らないこと。またミットをぶれさせないこと。快心の一撃が決まった時には分かるはずだ。それを〝感じる〟はずだ。もちろん、常に仮想標的に目を釘付けにしてはいられない。だが、インパクト前、数ミリ秒の間はレーザー光線のように標的にフォーカスしなければならない。

さらに、標的を打つ直前までは、手は完全にリラックスしてなければならない。不要な緊張はエネルギーを無駄にし、スピードを遅くする。注意が必要だ。

一旦、標的を認識したら、まずは緊張を解き、筋肉を動かせるようにリラックスさせておくこと。最初からリラックスできているのであれば、このステップは飛ばしてしまっても構わない。言うは易し、行うは難しという諺もある。とにかく取り組んでみて欲しい。

拳を握り締める事に関しては、インパクトの直前までは握り締めない事を覚えておいて欲しい。(注15)いかなる時もそうだが、筋力は必要な時にだけ活動させるべきなのだ。そうしなければ、エネルギーを浪費し、素早く動く能力を制限してしまう。

フォロー・スルー

標的へのコンタクト（接触）の最終段階は、フォロー・スルーだ。ここにブルースがヘイスレットによって影響を受けた記述がある。

『パンチは決して目標を打ってはいけない。目標のその先を打つべきだ。フォロー・スルーは戦いにおいて他のスポーツにおいてと同様に重要である。フォロー・スルーは攻撃目標を越えて打ち込むことによってのみ得られる』（注16）

フットボールや野球のボール、砲丸、フリスビーを投げること。あるいはゴルフのスイングや、テニスのサーブ、バックハンド、フォアハンド。それらの動作の最後は、すべてフォロー・スルーで終わっている。その点について、ストレート・リードにも違いは無い。常に頭に入れておいて欲しい。パンチは標的の3～4インチ向こうを打つつもりで行うこと。

運動量が働く部分はここなのだ。運動量については次のセクションで定義して更に詳細に述べる。今はただ、コンタクトの〝前に〟運動量を減らしたくないという事だけを知っておいて欲しい。コンタクトの瞬間に体重の利用を最大化する。この運動量がフォロー・スルーを援護するのだ。

ステップ5：前足の着地

上がったものは必ず落ちる。プッシュ・オフの後半

腰部の回転はコンタクト前の最終ステップと考えられているが、その時、体は空中にあり、プッシュ・オフの後半部分、地面へ落下する途中にある。

プッシュ・オフの前半部分が、体を二つの方向に動かしていた事を思い出して欲しい。水平（前後）方向と垂直（上向き）方向である。プッシュ・オフの水平方向の作用は、ちょうどフェンサーの突き込みにも似て、標的の方向へ体を進めるものだ。

直感的にも分かるだろう。我々に真っ直ぐ向かって来ている拳という物体は、一定の力を持っている。だから、我々はその直線上から逃れようとする！

しかしながら、あまり解明されていないのは、ストレート・リードにおける体の垂直的な動きの役割と、プッシュ・オフがどのように垂直的な動きを可能にするかだ。

もう一度、科学に立ち戻ろう。再度、放物運動の科学だ。思い出して欲しい。放物とは、空中もしくは空間を進み、重力のみに作用される物体と定義される。

重力によって地表に引き寄せられた時の、砲弾の曲線軌道を思い出そう。この重力の影響を補正するた

めに、大砲や槍投げのケースにも見られるように、我々は上方へ物を発射する事がある。ここで気をつけなければならないのは、上方に向けて放てば放つほど、水平的な距離は短くなることだ。

よって最も効率的なプッシュ・オフの角度を見つけることは、とても重要なのだ。プッシュ・オフの場合も、若干上向きの発射になるが、それも過ぎればカバー出来る距離を犠牲にする事になる。

プッシュ・オフの場合、体は本質的には、脚によって前方と上方の両方に発射された放物である。だから、実用的な目的のためには、体を少し上方に打ち出すことになる。

なぜなら単なる水平な前後方向の動きとは、敵の方向へのスライドを意味し、それでは地面との摩擦によって動きが遅くなるからだ。加速度と一緒に力も減らしてしまう。靴も磨り減ってしまうことは、言うまでもない。

プッシュ・オフは、あまり知られていない役割を果たしている。それは、ストレート・リードの力を生み出す付加的な手段の中にある。

プッシュ・オフの前半部分、飛び出しの部分がナディとフェンシングの突きから来ているなら、後半の着地の部分は古い時代のボクシング科学をルーツにしている。

フォーリング（落下する）・ステップ

〝Tao of Jeet Kune Do〟や〝Bruce Lee's Commentaries on the Martial Way〟などで、ジャック・デンプシーの言葉の引用をあまり多く見ることはできないが、デンプシーのストレート・リードに対する影響力は甚大なものがある。

縦拳を用いること、スリーナックルで打つこと、パワーラインから〝手が足より先〟の着地、そしてフォーリング・ステップ（前方に落ちていくステップ）だ。ブルースが所有したデンプシーの著書〝Championship Fighting : Explosive Punching and Aggressive Defense〟の中で、ブルースは全部の節に印を付けていたが、それがジークンドーに大きな影響を与えたと思われる。（注17）

デンプシーの主な考え方は、体の質量と重力を有効に利用する事によってパンチ力を増大させられるというものである。重力によって上がったものは必ず落下する。プッシュ・オフについても同様であり、最初、体をわずかに上方に発射すると、やがて体は落ちてくる。これがフォーリング・ステップの原理である。力を生み出す公式を思い出して欲しい。

力（Force）＝質量（mass）×加速度（acceleration）

よって強力なパンチは、〝速い動き〟のなかに体重を乗せることによって生み出される。別の言葉で言えば、体の質量を加速させることである。ブルースが強くアンダーラインを引いた一節で、デンプシーは述べている。

『パンチの動作に体重を乗せる4つの方法がある。1.前方への落下　2.前方へのバネのような跳躍　3.肩の旋回。強力な後背筋を使って行う。同時に片方の足からもう一方の足へ体重を移動させることで補助する。　4.伸び上がり。アッパーカットを打ち込む時に見られる。すべてのパンチはこれらの動きの手法の少なくとも2つ以上の組み合わせで成り立つ』（注18）

デンプシーがここで述べたことは、以前に述べた動きの3方向の事である。
前方に落ちるように踏み出すことは垂直方向と水平方向の動きのコンビネーションだ。
前方に弾むように踏み出すのは水平方向である。
〝旋回〟は回転運動である。
最後に伸び上がりは垂直方向の運動だ。

デンプシーは少なくとも2つ以上の動きを組み合わせること、と言っている。ストレート・リードを困難なものにする理由は、実はこのすべてを一度に含むからである。

〝旋回〟もしくは回転の動作は後で述べるとして、まずはプッシュ・オフに戻って見てみよう。すでに言及したように、プッシュ・オフは〝伸び上がり〟と、〝前方へのバネのような跳躍〟の組み合わせだ。まだ話していないのは、動作に入る第一の方法としてデンプシーがリストアップした、〝前方への落下〟である。

ジークンドーにおけるプッシュ・オフの前半部分はナディの影響を受け、後半の落ちていくことについてはデンプシーの影響を受けている。

放物運動の話を思い出して欲しい。重力の影響で前方に打ち出された放物は、曲線を描くように地面に落ちていく。プッシュ・オフの上方への発射は、曲線軌道の前半部分である。地面に落ちていく時の、曲線軌道の後半部分は、デンプシーの〝フォーリング・ステップ（落ちていくステップ）〟という事になる。

本質的にはフォーリング・ステップで行っていることは、重力の働きであることに他ならない。いずれにしても重力が体に働くなら、それを利用しない手はない。それを標的に向けるのだ。

〈図61〉　インパクト時のストレート・リード。空中にいながらにしてパンチが当たっている。この方法、つまり重力による下方への力をパンチに込め、同時にそれが地面に逃げない（足が浮いている）ようにしている。腕は若干、曲がっており3、4インチのフォロー・スルーを行うに十分な状態だ。この瞬間は三点着地の第1段階である

デンプシーは1つの章を費やして、フォーリング・ステップについて説明したが、彼はそれを〝ストレート・パンチの（宝石のように）大事な動き〟と呼んだ。

実のところ、プッシュ・オフの最後の段階のフォーリング・ステップは、歩くことに非常に近い。

そもそも歩くとは落下の連続だ。片足を上げると、地面に足を付けるまでの間は不安定になる。重力とは、人の足を強制的に地面にくっつけるものであり、もしその足を下ろさなければ完全によろめいてしまう。（注19）

歩くこととパンチを打つことの違いは、拳を伸ばすことにある。重力の多くを標的に集束させるのだ。よって次のステップは、その重力を利用してパンチに乗せていくことだ。（図61参照）

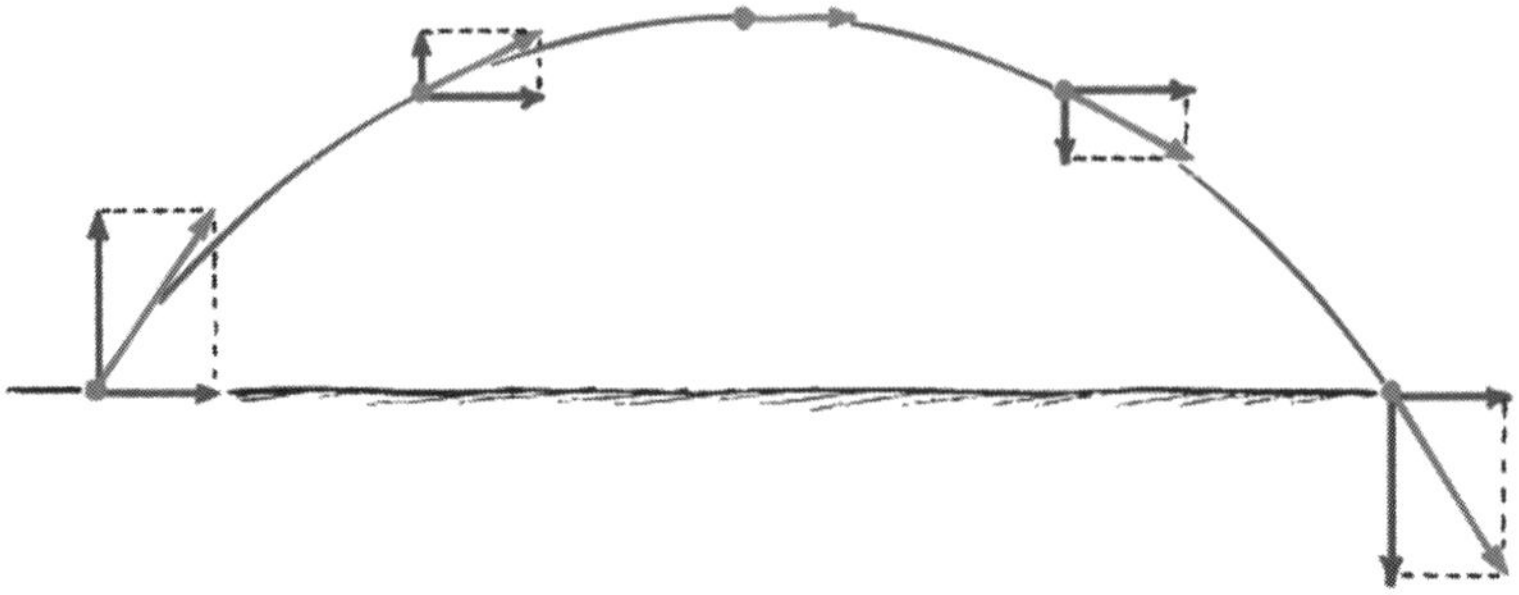

〈図 62〉　放物の軌道とそれを構成するベクトル

下方への力を転化する

高校の物理で習ったように、速度とは大きさと向きを備えている。物理学では、これら2つの性質が矢印による図形、ベクトルと呼ばれるもので示される。ベクトルについて詳しく述べるつもりはないが、基本は理解しておきたい。

よく知られているように、物体は2つ以上の向きからなる軌跡に沿って動く。プッシュ・オフから始まって体が落下していく動きでは、標的へ向かう方向と地面へ向かう方向の両方向へ進むことになる。2つ以上の向きが合成されたものを合力と呼ぶ。

上の図は放物の向きがどのようにベクトルで表現されるかを説明している。最初の局面では上方と水平方向への動きが合成されて、ベクトルが生まれる。対角線のベクトルが合力だ。

放物の最終局面では下方と水平方向の動きが合成されてベクトルが生まれる。（図62参照）

同じ向き、または反対の向きではない2つのベクトルの合力を求めるには、ピタゴラスの定理による〝平行四辺形の法則〟を使う。

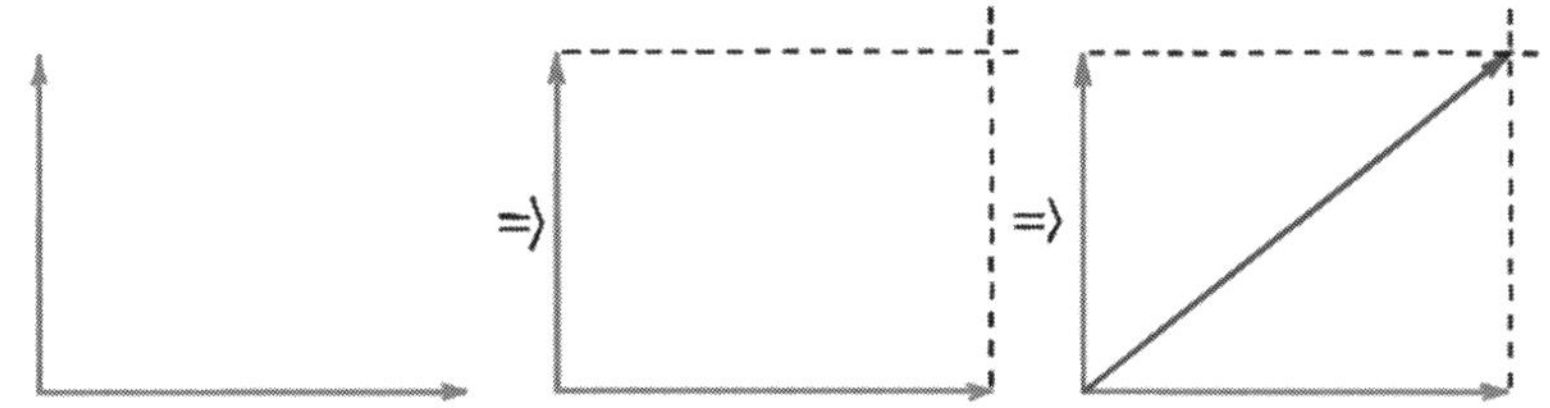

〈図 63〉　力の合成はこのように決まる

$$R = \sqrt{(V^2 + H^2)}$$

平行四辺形の法則を使うには、水平方向のベクトルの二乗と垂直方向のベクトルの二乗の合計を求め、その合計の平方根を求める。これが対角線のベクトルになる。（図63参照）

数学の知識としてはこれで十分で、ストレート・リードを習得する上でこの程度の考えだけを覚えておけば十分だ。

パンチを放つことに関しては、どのようなベクトルが働くかを注意深く見れば良い。

プッシュ・オフの後半、体は標的への水平方向と、地面への下方向の2つに向っていく。その合力が敵に向う力となる。

ベクトルの考え方は、デンプシーの「坂をソリで滑る男の子」のたとえ話でもっと簡単に理解できる。

坂に角度があるために、また重力が働くために、ソリは水平と地面へと向かう下方の2つの方向に動く。そして坂の終点では、すべての下向きの力は水平方向へと移り変わり、それは坂の後に続く平地をスピードを上げて滑っていく。（注20）

〈図 64〉　敵を打ち抜くフォロースルーと着地の瞬間

これがまさに、ストレート・パンチで体重を標的に伝える際に起こっている事だ。
我々はプッシュ・オフの後、地面に戻りながらリード・ハンドを打ち込んでいるのだ。プッシュ・オフはいくらか上方への垂直な動きを含んでいるが、もう一方では、着地には重力による下方への垂直な動きが含まれているからだ。この引力によって地面へ向かう体重を、本当に着地する前に標的に移すのだ。そうする事で、下向きの力をより多く転化させ、有利に働かせることが出来る。（図64参照）

ステップ6：手をコンタクトさせて引き戻す

多くの格闘技では一旦パンチが命中したらそれで終わりだが、ジークンドーではそうではない。手を引き戻す部分は、オン・ガード・ポジションから手を出すのと同じくらいに重要である。これを理解するためにもう一度、物理法則を見てみよう。

運動量（Momentum）と力積（Impulse）

ニュートンの運動の第一法則を思い出そう。

「静止した物体、あるいは等速で直線的に運動している物体は外力を加えられない限りその状態を保つ」

運動量（Momentum）を、運動中の慣性――直線上を一定の速さで移動する物体――と定義している。

運動量を方程式で表すと、

運動量（Momentum）＝質量（Mass）×速度（Velocity）、となる。

そしてまた、ベクトルの学習から、速度（Velocity）を、速さ（Speed）と、向き（Direction）と定義する。これに、運動量の方程式を合わせて考えると、拳銃の弾丸のような小さな物体も、銃から発射され、恐ろしい速さで移動することで、強大な運動量を持つことがわかる。

逆に、岩のように大きな物体でも静止状態だと運動量はない。しかし、その岩を急坂で転がせば、坂を転がり落ちる速度のためかなりの運動量を保つようになる。

別のシナリオを考えてみよう。質量が同じで、速度が変化する場合だ。これは日常的に起こっている事だ。

ゴルフボールを5番アイアンでひっぱたくと、静止状態から加速されそのもの自体の速度は変化したことになる。速さと向きがともに変化するのだ。運動量（Momentum）は明らかに変化している。運動量は速度による作用だからだ。

しかし、これとは別に、運動量の変化の原因となる、時間（Time）に着目したい。運動量にどういった変化をもたらすのか？　ここで運動量とは慣性の状態だという事を思い出して欲しい。そしてその慣性に打ち勝つには、力（Force）を作用させなければならない。

力（Force）と、その力が物体に作用している時間（Time）の積は、力積（Impulse）と呼ばれる。

数式で表すと

力積（Impulse）＝力（Force）×時間（Time）

力積を論じるときに考慮するべきことは、物体を静止状態に持っていく、つまり運動量を減らすには、常に同じ力積が要求されるということだ。

しかし、力と時間については変動する。パンチと一緒にこちらがロールする（パンチに当たりながら逃げる）場合と、こちらからパンチに向っていく場合の違いを考えてみよう。

パンチにあわせてこちらがロールする時は、力が働く時間が増大する。その結果、力や衝撃は減少する。

一方、こちらからパンチに向かっていった場合、拳の運動量が顔に当たってゼロになるまでにかかる時間は大幅に縮小する。それゆえに、前述の力積の方程式から力が増大することがわかる。それこそが、我々がパンチに向っていく代わりにパンチから遠ざかるようにロールして逃げる理由である。

別の例を見てみよう。（ボクシングなどの）試合用のグローブと練習用グローブの違いを考えよう。

試合用のものよりも、練習用グローブをつけている人を相手にしたいと、誰もが思うはずだ。なぜなら、練習用のグローブの方が、相手のパンチをより弱く感じるからだ。何故か？　それは、練習用グローブは試合用グローブよりも大量の詰め物が入っているからだ。

増加された詰め物は、我々の顔がパンチを停めるのにかかる時間を延ばす。拳は、まず最初に詰め物の中にめり込まなくてはならない。顔に到達するまでに、より長い時間をかけるということは、到達する力がより小さい力になることを意味する。

だが、もし我々が試合用グローブをした相手と相対した場合は、我々はそのような余分な防護を持たない状態となる。堅いグローブはより短いインパクト時間を意味するからだ。

スナッピングとジークンドー

ストレート・リードを打ち込むための最終ステップで行わなければならない事とは何か？　それは、次のパンチを打ち込むポジションに戻るために手を引き戻す事で、それはとても重要なことだ。

しかし、どのようにして手を引き込めば相手へのダメージを増やせるかは、あまり理解されていない。

今までの力積に関しての考察から、拳の力は標的にコンタクトしている時間が非常に短い時に、より大きくなる事が分かっている。例えば、フォーカス・ミットに当たった瞬間に、拳の運動量は大幅に減る。そして、フォーカス・ミットに拳がコンタクトしている時間が短ければ短い程、衝撃の力は大きくなる。

似た例が、野球のボールをキャッチする行為だ。もしボールにぶつかるように手を前方に動かして捕球すれば、グローブにボールが触った瞬間に手を後方に動かして捕球するよりも、手が受けるダメージが大きくなる。その力積（impulse）が同様に、存在するボールの運動量（momentum）を減少させたのだ。しかし、ボールの力が作用する時間が増大すれば、グローブに働く力が減少する。

これまで、動いている物体の運動量を減少させることで、その物体を静止させられる事を話してきた。そしてまた、速度（velocity）とは、速さ（speed）と向き（direction）の両方によって決定される事もお話しした。

では、実際に拳がフォーカス・ミットで跳ね返り、また手を引き戻す事によって動きの向きが変化すると何が起きるのか？

手が動く方向を変化させることで、実際には力積が増加している。方向を変えるのに必要な力の増加によるものだ。考えてみよう。動く拳を止めるには一定の力積が必要だ。拳を止めた後、方向を変えるには追加の力積が必要になる。

もしフォーカス・ミットに拳がコンタクトしている時間、あるいは力が加わっている時間を最小限にすることができれば、衝突の力は一層大きくなる。これがブルースがパンチやキックを〝スナップ〟する事の重要性を強調していた理由だ。（訳注：ここで言う〝スナップ〟は、一般的にような解釈されている、コンタクトの瞬間に内側にひねり込む打ち方ではない。）

つまり、次の攻撃の備えて、よりベターなポジションを取るために、手を素早く引いてスタンスに戻っているだけでは無いのだ。パンチの終わりでスナップする事は、手をさらに素早く引き戻させ、力積の理由で、スナップ、バウンス、そして標的で弾けさせる事はパンチにより大きい力を与える事になる。

だからと言って、これは以前のセクションでの標的にコンタクトする事について論じた〝通り抜け〟をしないという事ではない。

標的を貫通する事は、ストレート・リードで相手にダメージを与える重要な部分だ。

ブルースはこう書いていた。

「すべてのパンチは、標的の後ろ数インチでスナップを利かせて終わるべきだ。かくしてパンチは敵を貫いて、さらにスナップを利かせて終わる」（注21）

標的は貫かなければならない。しかし、腕の長さには限りがある。どこかの時点で、手を止めるため力積を減少させなければならない。

手が止まった後にパンチの方向をより素早く変え、腕を引き戻す。こうすることで、手をそこに留まらせ、ゆっくり戻すことと比べると、衝撃は大きくなっている。パンチをスナップすることに、破壊的な打撃と無害な押しの差がある。

手を引き戻すメカニクス

標的にコンタクトしている時間を最小限にして、素早く手を引き戻すことでパンチ力が増加する。ではどうやってそれのスナッピングをするのか？

パンチを打った際、手を下に落とすように引き戻すことがある。これは、一般的なミスだ。

そうしたくない理由は単純。二点間の最短距離は直線だ。〝In Boxing〟のなかでエドウィン・ヘイスレッ

トは強調している。「腕はまっすぐに伸ばし、まっすぐに戻す」と。（注22）

もし手を引く際に腕を落とせば、その軌道は確実に曲線を描き、遅くなる上に、より長い距離を移動することになる。まっすぐに腕を引き戻さないことは、パンチのスナップを失うだけでなく、貴重な時間をも失ってしまうのだ。

このやり方では効果的なジャブを連続して、2発、3発と打つことは出来ない。間合いが取れていたとしても、引きが遅ければどんなパンチも打ち込めない。

すべてはオン・ガード・ポジションに始まり、そして終わるのだ。可能な限り素早くオン・ガード・ポジションに戻ること。むしろ右手は、打ち出す時よりも、さらに速く引き戻すべきだ。

手を下に落としながらオン・ガード・ポジションに戻ることは、インパクトの効果を大きく弱めてしまう。標的にすべての力を乗せて貫く代わりに、フォーカス・ミット上で滑ることになるのだ。ゆえに（パンチング・ミットのことを）〝フォーカス（中心、または焦点）・ミット〟と呼ぶのだ。よって、すべてのパンチを焦点に集中させて打ち込みたいところである。

パンチがミットの上を滑ると威力は分散し、当たった時の時間も増大し、力積のところで述べたように相手へのダメージも減るのだ。

手を引くときの一般的なミスの二番目は、腕打ちしたときに陥るミスに似ている。運動連鎖を思い出して欲しい。体の一部に過度な負担をかけることを避ければ、より速く、疲労も少なくて済むのだ。

つまり、引くときも、腕の動きだけですべての動きをカバーせず、腕と腰部の回転の両方を使えば、倍の速さで腕を引き戻せるのだ。そう、とてもよくあるミスというのは、腕を引き戻すときに腰部の回転を使わないことだ。

三点着地

ストレート・リードの最終ステップは、テッド・ウォン氏が三点着地と呼んでいるものだ。信じるも信じないも、もしストレート・リードの動作の中で〝簡単〟と呼べる部分があるとすれば、これがそれだ。

もし、他のすべてのステップが正確な連動性で完璧にこなせていたのなら、この最終ステップは文字通り正しい場所に〝落ち着く〟はずだ。

三点着地の最初の接地点は、標的に接触した拳だ。手が標的に着地する前には、前側の足も、後ろ側の足も、決して地面についてはならない。

それは何故か？　ベクトルと放物の軌跡についての話を思い出して欲しい。体の質量に働く下向きの重力の利点を利用するというものだ。そしてまた、坂の下で滑り落ちるソリが、水平に向きを変えるというデンプシーの説明も一緒に思い起こして欲しい。

前側の足が着地する前に相手をヒットして得られるアドバンテージは一瞬だ。そのアドバンテージとは、放物運動の下向きの半分と、体重の力の、標的へ与える力への転化なのだ。

もし標的をヒットする前に足が着地してしまったら、全ての力（force）は地面に向かい、無駄になってしまう。

前側の足の着地のメカニクスについて言えば、最初に踵が着地して、それから残りの部分が接地する。これは、安定した着地を保証する。つま先で着地するとバランスを崩すことになる。

繰り返しになるが、より機敏に、そして爆発的な動作を可能にするポテンシャル・エネルギーを両脚の

〈図65〉　最大の安定性とコントロールのために着地は前側の足の踵の接地から始める。これは三点着地の第２段階にあたる

〈図66〉　三点着地の第３段階。後側の足の着地

内側部分に維持する事。（図65参照）

後ろ側の足の着地が、三点着地のラストだ。プッシュ・オフを開始した後、左脚は動きを休め、単に体と一緒に運ばれていく。

手が標的をヒットし、前側の足がまず踵を地面につけ、そして後ろ側の脚はフォローしていく。（図66参照）

手が引かれると共に前側の足は着地し、後ろ側の足は完全なオン・ガード・ポジションに戻る。パンチの終りには、即座にオン・ガード・ポジションに戻らなければならない。

両足の間隔は肩幅より少し広く、どんな小さな調整も無しに次の完璧なストレートを打てるスタンスだ。

ドロー・インせよ

最近のスポーツ・ジムでよく話題になるこ

との1つに、体幹トレーニングがある。ここでの体幹とは、身体から腕と脚、頭部を除いた全部を、体幹部としている。解剖学用語としては、これを腰椎と骨盤、股関節部の複合体としている。

体幹部は、主に2つの機能を有する筋肉群で構成されている。

一番目のグループは、身体の動作に大きく関与しており、身体の浅い部分に多く見られる。それらは広背筋、脊柱起立筋（群）、腸腰筋、腹直筋、外腹斜筋等である。

二番目のグループは、身体の安定に寄与している。腹横筋、内腹斜筋、多裂筋、骨盤底筋群、そして横隔膜などである。これらの深層筋は腰椎辺りの椎骨、骨盤、仙骨などに連結し、動作には明確には関与していないが、同時にすべての動作を補完するのに必要とされている。（注23）

先に論じたボディ・フィールに、この項目は少々リンクしている。腹部まわりの体幹部の深層筋の動きは、実際には目で見ることはできない。感じるほか無いのだ。

スポーツ・トレーナーは、ドロー・イン・マニューバでこの件を説明している。多くのスポーツの指導書の中にも参考として採用されている。研究では、健常者なら、これら体幹部の深層の筋組織は、外側の表層の筋肉が活性する30～110ミリ秒（1／1000秒）前に活性化しているとされている。ゴルフのスウィングやテニスのサーブから、ウェイト・トレーニングのチェスト・プレス、ラット・プル・ダウンに至るまで、体幹部の活性は効果的な動作をするために必要なのだ。ストレート・リードとて例外ではない。

繰り返すが、この深筋群の動作は目で見ることは出来ないが、先に述べた最も単純な条件下、ドロー・インの呼吸法を行う事で、体が何かの動作に入る直前の体幹部、特に腹部の筋肉のほんの少しの緊張感を把握できる。

ドロー・インというのは、もっとも繊細な筋肉の活性化であり、単に腹をへこませただけでは姿を現さないのだ。この一連の動きは胴、肩、頭、そして背骨を動かさずに行わなければならない。それを確かめるには、まず息を深く吸い込む。これは横隔膜の活動で、腹横筋との相乗作用だ。胸郭部は持ち上げない。そして息を吐く。この時にヘソを背骨側に引きつける。これがドロー・インの感覚だ。普通に呼吸するときと同じように、腹をへこませないように。

人間は何かの動作をする時に、体幹部の安定によって、その準備をしていることを忘れてはならない。この体幹部の安定は、腹直筋と外腹斜筋の活動によって大きく支えられている。（注24）すべての動作の基盤となっているため、体幹部の筋肉群の活性による安定は必須条件だ。腕や脚の体幹部から分離した部分の動作でさえ、その関連性を秘めている。

内側がしっかりと安定した、強力な体幹部を土台としなければ、そこから生み出される力は、小さくなってしまう。安定した土台の下に、動きのシステムは構築されるのだ。

もう一つ重要な点は、強い体幹部を構成することでケガを予防できることだ。何か体を動かそうとする前に体幹部が十分に機能していないと、脊柱は安定せず局所的に椎間板や間接部に力が働き、その部分を傷つけやすくする。

脆弱な体幹部や、体幹部の筋肉の機能不全は、腰痛の原因となる。

そして、心理的な状態との関連において、ドロー・インの感覚を掴んでおくことは必要だ。体の準備と心理面での準備を、パンチを打つ前に同期させておく。パンチを打つときは、常にその直前に腹部に緊張感を働かせるのだ。強力に、そして素早くストレート・リードを打つために、体幹部をまず最初にしっかりさせたい。

最後の加速の瞬間

ストレート・リードのメカニクスの連動性を論じる中で、それぞれのステップに内在する物理学と生体力学を説明するために少々本題から逸れた。順を追ってもう一度その連動性を検証してみよう。

ストレート・リードの各ステップは、インパクトの時点で手の最大速度を頂点に至らせる狙いの元、特別に配慮された順序で行われる。（注25）（写真67から72を参照）

〈図67〉　オン・ガード・ポジションからスタート。ここでは慣性からわずかでも早く逃れるために微妙に前傾姿勢をとっている。左の踵は上がりスタンスはわずかに広がっている。ストレート・リードを打ち込む直前だ

〈図68〉　手が動き始める――いつでも他のどの部分より先に動き、そして先に標的へ到達する。体の残りの部分は後から追いついてくる。ここではすでに手の位置は前進している。足はまだ接地したままだ

〈図69〉 左足のプッシュ・オフは体全部を垂直方向と水平方向に押し出し、そして間合いを縮めている。垂直方向の成分はこの後、下向きの重力による利点をもたらす

〈図70〉 最適のレバレッジの為に、標的の3～4インチ後方までフォロースルー（貫通）させる。インパクト時間を最小化して力を最大化するために、コンタクトはスナップを効かせ、押す事の無いようにする。ここではすでに標的の後方、3～4インチを最適の勢いをつけて貫いている

〈図71〉 前の足は手が着地した後に着地するので重力は標的に向けられ、地面へ向けて無駄に使われることは無い。
コンタクトの寸前、腰部の回転と肩の伸長で加速をつける。体が重力で引っ張られる分を補う

〈図72〉 後ろの足を前の足に続けて自然に着地。この間に手を伸ばしたのと同じラインで引き戻す。素早くオン・ガード・ポジションに戻ることで次のパンチの開始を手助けする

ストレート・リードへのこだわり

ストレート・リードの連動性は、その習得に、殊の他フラストレーションを抱かせるだろう。時には、とてもその困難に見合う価値が無いように思えるかもしれない。しかし、その報酬は確かに努力に見合う物だ。ジークンドーのストレート・リードは、その基礎を格闘科学の豊かな歴史と、確かな物理法則に根ざしている。

繰り返す。ストレート・リードは数千年の時を経て発展したものなのだ。各ステップを飛ばしたり、あるいは、ずさんなフォームや技術で問題を解決しないように。それらのステップには科学的根拠があるからだ。ひとたび各ステップを正確に行う能力を開発すれば、それらの利点はそれ自身で姿を現す。(注26)

苛立つ事もあるだろう。時には技術の詳細のささいな点に迷い込んでしまうかもしれない。だが心に留めておいて欲しい。正確に放たれたストレート・リードは、身体と科学の完璧な融合であり、追い求めるべき完成の極致と言える物だと。

Notes

1　Bruce Lee, ed. John Little, *Jeet Kune Do: Bruce Lee's Commentaries on the Martial Way* (Boston: Tuttle Publishing, 1997), p. 213.

2　同上 ., p. 211.

3　同上 ., p. 253. ブルースによると、

前進時に第一に要求される事として、

1. 心理的な瞬間

2. 手を足よりも先に動かす

胴体を前に伸ばし過ぎてはならない

4　Aldo Nadi, *On Fencing*, (Bangor, ME: Laureate Press, 1994), p. 89.

5　Bruce Lee, Tao of Jeet Kune Do (Santa Clarita, CA, Ohara Publications, Inc., 1975), p. 97.

6　Lee, ed. John Little, Jeet Kune Do: *Bruce Lee's Commentaries on the Martial Way*, p. 253.

7　Jack Dempsey, *Championship Fighting: Explosive Punching and Aggressive Defence* (New York: Prentice Hall, Inc., 1950), pp. 33, 48.

ノンテレグラフィックパンチに関してブルースが強調していた事実は常識になっているが、そこにはデンプシー、そしてヘイスレットからの大きな影響が見受けられる。以下のノンテレグラフィックに関しての引用はブルース自身による彼の蔵書のデンプシーの著作本にハイライトペンでマーキングされていた一節だ。

「戦いにおいて、今、学びそして常に覚えておくべき事はパンチを放つ前に、おごり、無用な予備あるいは準備動作をする愚を犯してはならないという事だ。第一に相手が的を晒すのは一瞬で、それを稲光りの素早さで補足しなければならない。次に、それらの予備動作は━密告者として━主人を背き、次の行為を敵に暴露してしまう。そして又、より、ハードにパンチを打とうとしてリラックスした左（リード）側の腕を引き込んだり上に掲げたりする事も禁物だ。そういう行為は避ける。相手に動きを読まれるだけで無く、パンチは遅く、そして又、弱くなってしまう。」

8　Nadi, *On Fencing*, p. 51.

多くのブルースの左脚に関しての、特にピストンと引き金の引用は、この一節から来ている。

「左脚は単なる支えでは無い。それはスパークプラグ、さらに言えば全身をフェンシングマシーンと化するピストンだ。この脚は正しく、素早い突きに必要な多大なるパワーとスピードを供給する。

この準備の為、左の踵は常に、ほんの少し（1.5インチ程）床から浮かしておくべきだ。フェンシング教師は皆、ストリップ（訳注：フェンシングの競技スペース）では両足をベタ足にする様に言うが、私に言わせればそれは——NO！だ。左の踵を常に少し浮かせ、いつでも引き金を引ける様に脚を引き上げて準備しアクションに移る。(そうする事で)全ての創造において最高に強力なスプリングの利点を手にする事が出来る。土踏まずの部分、それ自体が剣を突いた時に足の母指球部で地面に圧力をかける事によって、とてつもないパワーを解放する。」

9　Michael A. Clark and Rodney J. Corn, *NASM Optimum Performance Training for the Fitness Professional* (Calabasas: National Academy of Sports Medicine, 2001), p. 49.

10　Lee, *Tao of Jeet Kune Do*, p. 33.

11　Paul G. Hewitt, *Conceptual Physics 9th Edition* (San Francisco: Addison Wesley, 2002), p. 774.

12　Ted Wong with John Little, "Bruce Lee's Lead Punch: Ted Wong Explains Jun Fan Jeet Kune Do's Most Explosive Technique!" *Bruce Lee: The Official Publication & Voice of the Jun Fan Jeet Kune Do Nucleus*, June 2000, pp. 58-69.

13　Joe Montana with Richard Weiner, *Joe Montana's Art and Magic of Quarterbacking* (New York: Henry Holt and Company, 1997), p. 51.

モンタナは、「腕で投げるのではない。身体で投げるのだ」と言及している。

14　Bruce Lee and M. Uyehara, *Bruce Lee's Fighting Method* (Burbank, CA: Ohara Publications, Inc., 1978), pp. 248-249.
これらはブルースによる素晴らしいリードパンチの写真だ。前傾しているが、彼の重心は決してリード側の脚より先に出ていない事に注目されたい。

15　Lee, ed. John Little, *Jeet Kune Do: Bruce Lee's Commentaries on the Martial Way*, p. 211.

16　同上 ., p. 210. ヘイスレットの著作との比較 , *Boxing* (New York: A.S. Barnes & Noble Company, 1940), p. 16.

17　これらの引用例と特に印をつけた所は *Knowing Is Not Enough: The Official Newsletter of The Bruce Lee Educational Foundation*, Vol. 3, No. 3, ISSN: 1033-1325, pp. 14-17. で見る事ができる。

18　Dempsey, *Championship Fighting: Explosive Punching and Aggressive Defence*, p. 26.

19　同上 ., pp. 31-33.

20　同上 ., p. 29. デンプシーの説明：
「感覚的には（厄介な事に）少年の乗ったソリは落下物だ。丘の斜面はこの時、垂直に落下する妨げとなっている。その垂直落下は丘の傾斜角の分だけ偏向させられる。自重による落下運動の方向は斜めに角度が付き、坂を下りきり平坦な所へ降りた後も少しの間すべり続ける。平坦な場所ではソリのすべる方向——自重による運動の方向——は自重によって垂直に引っ張られた力を適切な角度に変え進んで行く」

21　Bruce Lee, ed. John Little, *The Tao of Gung Fu* (Boston: Tuttle Publishing, 1997), p. 211.

22　Haislet, *Boxing*, p. 16.

23　Clark and Corn, *NASM Optimum Performance Training for the Fitness Professional*, p. 104.

24　同上 ., 106.

25　Lee, *Tao of Jeet Kune Do*, p. 58.

ブルースは他のスポーツを引き合いに出して比較している：

「加速時の複合的な動きの重要な側面はその支点部での最高の加速の全てを利点として得る為に、関係する。それぞれの部分の動作は可能な限り遅らせるのだ。この原則は最高の加速をパンチがコンタクトする最後の瞬間にぶつける為に溜めておくという事だ。距離に関係無く動きの最後の段階では最速であらねばならない。」

（訳注：ここではボールの投球動作を引き合いに出してパンチと比べている。支点部とはヒジ部分にあたる。）

26　Nadi, *On Fencing*, p. 97.

ナディはここで述べている様に常にテクニックの正確さについて口やかましく言っている。

「殆んど人並みはずれた様な読心術をマスターしたとしても、それを利用出来るのは完璧なタイミング、間違いの無いコーディネーション、強烈なスピード、ヒットポイントの正確さ等の獲得に成功した時だけだ。初期の段階では根気強く全ての機械的な動きを学ぶのだ。これは先出した資質を獲得する為の唯一の方法だ。相手を欺く動きを完璧に達成しない限り相手のパリーが無力化しない事は想像に難くない。結果として、アートの正確な技術の達人になるまでは、それらの資質は決して我が物とはならない。」

CHAPTER 5　フットワーク

〝技術の優劣は脚の使い方にある〟（注1）

フットワークは、一つの章では収まりきらない程の内容であり、それだけでも書籍の1つのテーマとなりうる程の物である。

ナディは、「フットワークはフェンサーにとっての基盤である」と断言している。（注2）しかし実際のところ、フェンシングどころか、フットワークはすべての運動競技、格闘技の土台となっている。

1979年のNFLドラフトで、ビル・ウォッシュの目を捉えたのは、ジョー・モンタナのフットワークだった。

そして、ジョン・マッケンローの実況放送に耳を傾けてみよう。彼好みのテニス・プレイヤーを見つけたときに、彼が最初にべた褒めするのは、「大きくて強い脚」と「素晴らしいフットワーク」だ。

また、アンドレ・アガシは、フットワークの精度を向上させることが、テニス・プレイヤーとして長年やっていく秘訣であると、チャーリー・ロスに語った。

多くの人たちが、ナディの最大の強みはフットワークだと信じていたし、シュガー・レイ・レナード（注3）は、ブルース・リーの映画からフットワークの多くを学んだと語っている。

ブルース自身も、「フットワークはいかなる攻撃も打ち破る。適切な間合いは、熟練したいかなる敵をも困惑させる」と語っている。（注4）

もし〝いかなる攻撃〟も打ち破るのであれば、それは習得するに値するものに違いない。

これほど多くの優秀なアスリートたちが、フットワークの重要性を語っているにもかかわらず、それが代役扱いされ、見過ごされ、完全に無視されていることには驚かされる。

マーシャル・アーティストは、一番の加害者かもしれない。指導者たちが生徒に、ひたすら上半身の動きを真似るように言い、足は「一緒に動くだけだ」と教えているのを、実際、何度も耳にしてきた。

違うのだ。洗練されたパンチを打ち出すには、脚を訓練しなければならない。

事実、何人かのボクサーは、生まれながらにフットワークの素質を持ち合わせている。だが生まれながらの素質がなくとも、それは訓練によって向上させることが可能だ。それなのに、多くの人間がそれをしない。もはや愚かと言わざるを得ない。

この問題は〝怒れる3人の若者〟、つまりデンプシー、ドリスコル、ナディを大いに怒らせた。

彼らは、フットワークに関して、高度な指導がまったく出来ていないことを、はっきり不満として述べている。

例えば、ドリスコルは次のように述べている。

「ボクシングでの本物のチャンピオンはすべからく、左手を的確に使ってストレートを放つ。そしてボクシングの試合において、足が手と同じくらい重要であることを良く知っている」（注5）

ナディもフットワークに関して不満を述べている。

「いままで様々な教師に会ってきたが、私は生徒に本質的なことを教える者にまだ会ったことがない。彼らは、単純に生徒自身が気づくに任せている。それでは最高に上手く行ったとしても、生徒が自身で戦術を習得するまでに、とてつもない時間を無駄にするだろう」（注6）

ボクシングが「ほぼ全ての場所で間違って教えられている」と、デンプシーが断言した理由を思い出そう。このうち4つの理由にフットワークが含まれている。

・ビギナーは素早い動きのなかでパンチに体重を乗せる4つの重要な方法に基づいていない。それは、（a）フォーリング・ステップ　（b）脚のバネ　（c）肩の旋回　（d）伸び上がりである。

・爆発的なストレート・パンチは既にほとんど失われたアートと化している。肩の旋回を強調しすぎるインストラクターによって、ビギナーは不当にもステップを使える時でもステップを使わずにストレートパンチを打つように指導されてしまったからだ。

・ストレート・パンチを打つ時、フォーリング・ステップ（〝トリガー・ステップ〟）の使い方を教育できなかった結果、レフト・ジャブは驚くべきブローとなる代わりに、全般的に軽く補助的な武器として、きっかけ作りと〝セット・アップ用〟として使われている。

・ビギナーはフックを打つ時にロング・ステップを踏む事によって、それがスイングパンチになってしまうという注意を受けていない。（注7）

単なる間合い稼ぎではない

良くある誤解は、フットワークが単にA地点からB地点へ移動するためのものだという考えだ。多くのインストラクターがフットワークについて、その基礎を習得するに値しないものだと考え、軽く扱っている。彼らはすべての動きは、胴部によって行われると考えている。それで戦いに臨み、自分のパンチがなぜそんなに弱いのかと不思議に思っているのだ。

デンプシーによると、フットワークがその答えだ。

フォーリン・ステップ、跳躍、肩の旋回、そして伸び上がりと彼が呼んだもの、これら全て――そう、肩の旋回でさえも、フットワークの一面なのだ。

多くの人が認識していないのは、フットワークとは距離を補う以上のものであるということだ。パンチのメカニクスはアライメントによって決定されるが、アライメント自体は地面から始まる。どのように足の位置を決めるかで、脚のアライメントが決まる。脚は胴体に連なり、胴体の位置を決めることになる。

フックやアッパーカットのようないくつかのパンチでは、腕は本当に胴体の動きに乗っているだけだ。全体重を乗せるために、すべての動きは体全体で行うことになる。腕打ちを避けるには、体重をパンチに乗せる術《すべ》を知らなければならない。そしてそのためには、フットワークは不可欠だ。

同様のことは防御でも言える。

安定性と機動性を保つためには、腰から上だけの動きに頼ることは出来ない。正しい位置に重心を置かなければならないが、動作の中でそうするにはフットワークが必要となる。

フットワークの本質は、未熟な者には伺い知る事の出来ない事である。例えばフックパンチや、ボブ・アンド・ウィーブの時、体重を片方の脚からもう一方へ移動させるが、それもフットワークだ。高すぎず低すぎず、左足のかかとを浮かせることも、精密なフットワークである。相手との距離をわずか数インチ調整するのも、やはりフットワークである。

１９６７年に行われた国際空手トーナメントで、ブルースが見せたストレート・リードのデモンストレーション・フィルムを見たことがあるなら、彼がうわべは静止した状態からパンチを放つのを知っているだろう。その場面は、彼は間合いをつめてはいない。しかし、そこにはフットワークが使われている。プッシュ・オフにより、左足から前側の右足への驚くべき体重移動がなされているのだ。（注８）

そのブルースのワン・インチ・パンチを見た人々は衝撃を覚える。ヘイワード・ニシオカは、それを〝腰部の微妙な動きによるパズル〟だと言っている。

ほとんどの人は、左足からプッシュ・オフされた力が右足に伝わり、その結果、腰部がまるでパズルをつなぎ合わせるように微妙に動くことを知らない。

注意深く見てみると、ブルースはすべての動作を足元から始めているにも関わらず、体勢そのものは同じ場所に留まっていることが分かるだろう。しかし、プッシュ・オフはきっちりと行われ、全体に影響を及ぼしている。

ブルース自身のメモを見ても、彼がフットワークについて間合いを稼ぐメリットのみに言及してはいない。彼は次のように書いている。

「フットワークは体重と力をパンチやキックに与えてくれる」（注９）

これは、体重を伝達させることで力を生み出すことに、フットワークが寄与するということだ。ジークンドーにおけるフットワークとは、移動システム以上のものである。それはアライメントとレバレッジ（勢い）の要と言ってよい。

ストレート・リードのメカニクスとして、腰部を大いに使うことを既に述べた。ジークンドーらしく動くとすれば、パンチにせよキックにせよ、常に腰部側面が標的に向くようになる。

しかし、覚えておいて欲しいのは、正しい足の位置がなければ、腰部の位置も正しくはならないことだ。これはデンプシーが言っていることでもある。フォーリング・ステップ、跳躍、そして伸び上がりと彼が呼んだものには、間合いのカバーは含まれていないかもしれないが、それらすべてはフットワークの重要な要素であることは間違いない。

そして肩の旋回は、フットワークなくしては不可能だ。肩を回すには胴体を、胴体を回すには脚を、そして脚を動かすには足を使わなければならない。

すべてのパンチは足元の地面から始まるのだ。

戦いの間合い

言うまでもないことだが、パンチを上手に当てるには、まずは相手に向かっていかなければならない。もしパンチを放つのに立ち位置が間違っていれば、どんなパワフルなパンチも無意味だ。

一方、もしパンチを当てるのに十分近い距離にいるとすれば、その反面であなた自身もパンチを当てられやすいということになる。

これが、戦いの間合いを維持することが非常に重要な理由である。

クロスニエルによると、間合いとは敵のフェンサーが攻撃できない距離、あるいはフルレンジで飛び込んでこなければ攻撃できない距離を意味する。

距離をとって戦う大きな目的の1つは、相手を騙し、誘い出すことで、間合いを見誤らせ、自分自身の射程距離内におびき寄せることである。（注10）

＜図73＞　フットワークは間合いをとることを可能にする

間合い、あるいは距離の判断と言ってもよいが、それは決定的な要素である。それなくして相手にパンチを届かせることは不可能だ。さらに悪いことには、間違えれば相手の格好の標的になる。

では、どのように間合いを保持したら良いか？　答えはフットワークだ。（図73参照）

クロスニエルが頑ななまでに、正しいフォームとオン・ガード・ポジションの基本に忠実だったことを知っておくことは価値がある。正しいフォームなくして良いフットワークはありえない。

次の一文は、クロスニエルの〝Fencing with the foil〟という著書のなかで、ブルースがアンダーラインを引いた箇所だ。

『フットワークの練習を積んでいるフェンサーは、もしオン・ガード・ポジションが完璧でないとすると、機動性に大いなるハンディを負うということに気づく。間違った体重移動によって、前方や後方に動くときに、余計な重荷を引きずりながら足を動かすようだ。彼はすぐに基本的なスタンスや防御のポジションに注意を払う必要性を認めるだろう』（注11）

ストレート・リードにどのように応用したらよいのだろうか？　再び戦いの間合いについて考えるが、この時点では間合いを保つことが安全を保障することだけを知っておいて欲しい。そしてそれを可能にするのは、常に、常に、フットワークなのである。

左足が間合いを決定する

ストレート・リードに関連するフットワークの構造を述べる前に、左足こそが間合いを決定するものだということを知ってほしい。上半身でも腕でもなく、左足のプッシュ・オフこそが相手にリーチするためのものである。

一般的な間違いは、右手や上半身でパンチを届かせようとして伸ばしすぎてしまう事だ。その場合、すでに述べたように、右足よりも前方に重心は泳いでしまい、自分自身のバランスを崩す。この状況では相手の反撃から身をかわすのが不安定になる。

また、スタンスを立て直すのを妨げ、結果としてパンチ力を弱めてしまうことになる。（注12）

よって、標的に到達するには足を使わなければならない。そして、上半身の動きはそれに従う。腰部を旋回させ、ほんの少し前傾姿勢をとり、右腕を常にストレート・リードを放つ同じ角度にとる。そうすることで、何が変化するのか？　それは、足で稼ぐ間合い、もっと厳密にはプッシュ・オフで稼ぐ間合いが変わるのだ。

プッシュ・オフによって、様々な間合いがとれるよう練習することが重要だ。

時には、ブルースのワン・インチ・パンチのフィルムのように、間合いゼロの状況で同じ位置で行う。

また時には、ロングレンジから相手に届かせるためのプッシュ・オフを試みる事も必要だ。しかしながら、より短い距離での間合いの取り方がちゃんとできるようになるまでは、あまりロングレンジでの練習をしないほうが良い。正確にコントロールしながら行うことが最重要課題である。

ではどのようにしてそれを行うか、手短に話そう。

フットワークの種類

ごく基本的なこととして、フットワークと言った場合、4つの方向に動くことを意味する。つまり、前方、後方、左、右だ。これだけでは大して面白くないだろう。しかし、この4つの組み合わせを考えてみると、フットワークは無限大に複雑になる。

まず左右へのサイドステップがある。

サイドステップに続き、ピボット（前足を軸に後ろ足が弧を描いて旋回する事。又はその逆）がある。またハーフ・ビートでバウンス（訳注：ここでの〝バウンス〟とは、わずかに上下、前後、あるいは左右に弾む状態をいう。伝統派の空手やサバットに見られる上下にピョンピョンと跳ねることではない。重心位置を微かに動かし続け、意図的に不安定を保つ。これが次の素早い移動へとつながる）しながらのピボットがあるし、あるいは振り子のように両足の重心を瞬時に移動させながら行うペンデュラム・ステップ（後述）もある。軸足をバウンスさせながらピボットし、さらにペンデュラムということも可能だ。組み合わせは際限がない。

そこで、ここではテッド・ウォン師父のセミナーで受講生に教えられるステップ、彼の言葉によれば〝ファンシー・ステップ〟について話す。

ファンシー・ステップとは、横方向へのポッピングと、サイドステップのクロスオーバーしたようなステップの事だ。オスカー・デラ・ホーヤや何人かのボクサーも使っているもので、急激に素早く方向転換を図りたいときに使うステップだ。

まずストレート・リード、あるいは何らかのストレート・パンチを放つ準備が整っている状況を想像して欲しい。体重の分配はこの際、気にせずに。

パンチを打つ場合には、ほとんどの格闘技では既にパンチを放つ前にステップを完了している事が〝必須〟となっているはずだ。

まず片足を踏み込み、それが地面についた後に、残った足が着地してその後にパンチが飛び出す。音楽やダンスで言えば、これは全体として1つのビートであると言える。

前足が出て踏み込んで最初のビート。後ろ足の着地がそのビートの〝アンド〟の部分。

そしてもう一度前足でステップしようとする。これが第2のビートの始まりであり、後ろ足の着地が第2ビートから第3ビートへの移行の中間部分の〝アンド〟の部分となる。ほとんどの格闘技では、このビートに乗らないとパンチが打てない。

しかし、もしフットワークに長けていれば、実はこのビートの中間の〝アンド〟の部分――ハーフ・ビートでパンチを打つことができる。（注13）それには訓練が必要だ。ほとんどのアートでは、このハーフ・ビートを取り入れていない。

この技術は戦術的に明確なアドバンテージとなる。敵がパンチを打とうとセットアップしている時に、ハーフ・ビートで相手にパンチを届かせることができるのだ。

ハーフ・ビートを学ぶことは、攻撃の選択肢を劇的に増やすことにもなる。

距離と到達時間を工夫することで、あなたは相手から予測不可能な動きをすることができるし、相手を困惑させることになる。自分の動きに一定のパターンをわざと作り出して相手を誘導したり、逆にそのパターンを壊すことで相手の不意をつく。

そのようなトリッキーな動きによって、相手を自分の射程距離内に引き込むのだ。そのすべてはフットワークによってなされる。

さらに、ジークンドーにおいてはストレート・リードは、いつでも攻撃に使うべくセットアップしてある主武器である。ハーフ・ビートを使いこなすには、どこからでもリードパンチを打ち込めるようになる必要がある。

打撃を当てるのに有効なタイミング――「チャンスの窓」は一瞬で閉じてしまう。良いフットワークはそれらのチャンスを利用するためにも必要だ。

前側の足が空中にある間でも、前側の足に体重のほとんどが掛かっていても、あるいは後ろ足が着地する前でも、オン・ガード・ポジションからリードパンチを打つ事が可能だ。

しかし、フットワークなくして、これらは不可能だ。

フットワークについてすべてを述べることはこの本の範疇を越える。だから、ここではストレート・リードに関連するフットワークについて述べていきたい。つまり、本書で述べることは、全体のほんの一部でしかないことを覚えておいて欲しい。

ステップ・アンド・スライド

ステップ・アンド・スライドは、最も基本的で最も頻繁に使うステップだ。攻撃をするためのものというよりは、間合いをとるために繰り返し活用される。（注14、15、16）

＜図 74、75＞　オン・ガード・ポジションからのステップ・アンド・スライド。いかなる距離であれ、常に右足が先行する。それと同等の距離だけ左足が追随することで一定のスタンスが保たれる

ステップ・アンド・スライドは、戦いの間合いを計り、体勢を整えるためのもので、私は〝ストーキング・フットワーク（忍び足）〟と呼んでいる。

いつものように、オン・ガード・ポジションからステップ・アンド・スライドを始める。体重を両足の真ん中に置き、右足を6インチ以内に前進させる。右足は宙に浮いている状態だが、重心は依然、両足に等しく乗る位置にある。

そして、踵からやさしく地面に着地し、同時に左足が、右足の前進した距離と同じだけ前方に引きよせられる（スライドする）。

常に右足の着地に従って左足は着地すること。映画「ドラゴンへの道」で、チャック・ノリスとのシーンでブルースが見せたステップ・アンド・スライドを参考にすると良い。チャック・ノリスの攻撃を遮る時の間合いを調整して判断するためのステップとして使っ

ている。

〝スライド〟という言葉に関する注意点だが、これは摺り足を意味するのではない。左足は常に右足が動いた分だけ滑るように進む。どちらの足も摺り足ではなく、明らかに空中を滑るように動く。フットワークは常に効率的でなければならない。

ステップ・アンド・スライドを練習するときの目的は正確さの習得にある。

常に同じ足幅のスタンスを保つこと。右足を2インチ進めたら、左足も2インチ進める。

だから、最初の時点で自分のスタンス幅を確認しておくとよい。全身の整合性は適切にとれているか？

最初のスタンスと同様の形で最後までステップが踏めたか？ もしそうでないなら、正しい調整を行い、正確なスタンスの感覚を習得するように努めてほしい。そして、オン・ガード・ポジションのまま、修正する必要がなくなるまで練習してみて欲しい。（図74、75）

プッシュ・ステップ

プッシュ・ステップはステップ・アンド・スライドよりも俊敏に前進する方法だ。ステップ・アンド・スライドは、まず右足がステップし、次に左足がスライドするという、2つのプロセスが必要だ。そして、常に前足から始まる。

一方、プッシュ・ステップは左足から始まる。左足のボール部で地面をプッシュし前方へ進む。ステップ・アンド・スライドに比べて、短時間で右足踵と左足ボール部が地面につく。

地面をプッシュすることでより強力な力を生み出すため、プッシュ・ステップと呼ばれ、ステップ・アンド・スライドとは別物だ。より素早い前進と回避等に使用する。（注17）

フットワークでは常にそうだが、正確さこそが最重要である。プッシュ・ステップを行うときは、いつでも、終了時のスタンスが開始時のスタンスと同様でなければならない。

プッシュ・ステップはあたかも爆発するような勢いで行われるが、それでもスタンスを正しくコントロールすることが必要となる。

着地は巧妙に音を立てずに。私は生徒に着地をどのように表現するのが適切かを述べさせる。曰く、ウサギのように跳ねるステップ、コオロギ風のジャンプ、ニンジャ風ステップなど様々だが、私が一番好きなのは「ねずみがコットンの上にオシッコをするように」というものだ！　少々マンガ調ではあるが、それくらい静かに行うことを心がけて欲しい。

プッシュ・オフとプッシュ・ステップ

第4章でプッシュ・オフについては詳しく述べた。ここでプッシュ・オフとプッシュ・ステップの違いについて少々述べてみたい。

プッシュ・オフは、プッシュ・ステップが次の動きに繋がる場合、こう呼ぶ。そこではパンチを放つために爆発的な力を生み出すことになる。

威力の軽い探りを入れるジャブと、強力なジャブの違いで考えれば、探りを入れるジャブにはプッシュ・

ステップを使い、強力なパンチを打つにはプッシュ・オフを使う。

ここでの爆発力については、どれほど大げさに言っても、言い過ぎることはない。すでにナディとブルースが左足について述べた言葉を取り上げてきたとおりだ。

〝ピストン〟〝コブラ〟〝発火プラグ〟〝エンジン〟、そして私の好きな〝すべての創造における最強のスプリング〟などだ。このようにハッキリとした、一見、大袈裟な表現こそ相応しい。強烈で爆発的なパンチはプッシュ・オフから生じるからだ。

ピボット・ステップ

フェンサーがやるような、戦闘中に前方、後方と明らかに一直線上のみを動くことはあり得ない。ピボット・ステップは、相手に対して角度をつくり、相手の攻撃の外側に動きながら、有効なパンチを届かせるステップとして有効だ。（注18）
右足を軸に右側にピボットするには、右足を程々に地面から持ち上げてターンさせ、一旦、相手にそのつま先が向いたら足を置き、次にオン・ガード・ポジションに戻るべく左足をターンさせる。
同様に左側に旋回するには、まず左足を持ち上げ、そちら側にスイングしつつ体を旋回させる。それに続き、右足を動かして正しいポジションをつくる。
常に完全なスタンスを保つこと。本質的なことを述べれば、ここでやるべきことは、スタンスを保ち、動き回る相手に対して適切な角度を作り、そして相手を射程距離内に留めておくことだ。もちろん、〝照

＜図 76、77 ＞　オン・ガード・ポジションからのピボット・ステップ。
どのような角度で旋回するにせよ、後ろ足は相手を正しいスタンスで捕らえられるように振り切ること

準器〟を忘れない事。常に相手に照準を合わせておくのだ。（図76、77）

ピボット・ステップは最初のうちはコツを要する。自然に適切にピボット・ステップするには、ある程度の先読みと距離感、さらに筋肉に覚えさせること（マッスルメモリー）が必要だ。最初の頃はほとんど微調整を繰り返すことになるだろう。

しかしそれはごく自然なことである。やがて十分な時間をかけ練習を積むことで正確で精密な動きになるだろう。

ピボットしたい方向に、向いている足が常に先に動くことになる。つまり（反時計回りに）右方向へ動きたければ、まずは右足が動く。それから左（後ろ側の）足がスイングしてスタンスを取る。

時計回りに左側に動く場合、まず左足（後ろ側の足）を左側に振り、次に右足（前側の足）がスタンス調整しながらピボットする。

大事なことは、ピボットするときはいつも敵に対して、――スタンスの章で述べたように――その時の右足のつま先と左足の土踏まずが標的に対して一直線上にセットして置かれることだ。

「ドラゴンへの道」で、チャック・ノリスとの戦いの時に、ブルースが彼の攻撃をかわし、ダッキングし反撃するシーンで、ピボット・ステップを見ることができる。

ブルースが常に攻撃可能な距離にいるにもかかわらず、チャックの攻撃ラインの外にいることに気づくだろう。

また、いくつかのピボット・ステップのバリエーションもある。ピボット・ステップに、ダッキングやウィービングなどの上半身の動きを加えることが出来る事も付け加えておく。ピボット・ステップを含むフットワークのコンビネーションは無限だ。ハーフビートとピボット・ステップを併用すれば更なる角度と攻撃のタイミング選択肢を他のアート以上に得られる。

上級のフットワーク

プッシュ・オフは、ストレート・リードを放つ時の出発点だ。しかし、戦いがヒートアップしていると、完璧な構えをセットする余裕が常にあるわけではない。もしかしたら、ステップ・アンド・スライドの最中に打ち込む好機が訪れるかもしれない。あるいは後退の最中に。

このような場合、いかにしてストレート・リードを打ち込むか？　それもフットワークがその答えだ。

繰り返すが、ここでフットワークを論題にして十分にカバーする事は出来ない。しかしストレート・リードを打つ動きの中で、いくつかの手法について、ほんの少しだけ触れておく。

現実の戦いやスパーリングの状況では、最も基本的なステップ——ステップ・アンド・スライド、プッシュステップ、そしてピボットステップ——は、使用される重要性が大きく変わり、はっきりと下位に下がるのだ。そのような状況では、これらは補助的なフットワークとなり、より上級のステップ——バウンス、ハーフビート、そして次の述べるステップ類——が脚光を浴びる事となる。

現実の戦いには、全拍（1ビート）のフットワークのための時間は無く、基本のステップはより上級のステップと連結して混ざり合い、見分けがつかなくなるのだ。

体重を前に掛ける

ステップ・アンド・スライドを行う時、体重を前後、50対50に配分するように努力するが、後ろの足が前方に移動して接地するまでの束の間、前側の足へほんの少し体重は移行している。

戦いにおいては、チャンスが来た瞬間に攻撃出来なければならない。ステップ・アンド・スライドにおける、その場合は、右足はただ単に地面に触れているだけにする。

これは左足を接地させる前に体重を実際に落としてしまっている、通常の場合とは異なる。右足が地面に着いた時に攻撃をしたいが、しかし前足に体重を乗せてはならない。軽く地面を前足でタッチさせせ——バランスを取る——後ろ足が着地できるように。そして一気にプッシュ・オフで攻撃するのだ。

<図 78、79 >　オン・ガード・ポジションからのペンデュラム・ステップ。前側の脚を後方へ振り出し重心を移動させる。このステップはキックを避ける事が出来、防御的なジャブを放つ事が出来る

ペンデュラム・ステップ（振り子）

ペンデュラム・ステップは、卓越した防御的な反撃方法だ。

敵が前進して来た場合、レバレッジを保ったまま、損なう事無くストレート・リードを送り込むことが出来る。ペンデュラム・ステップは通常、攻撃をかわすのに優れ、蹴りを避けるのによく使われる。（注19）

オン・ガード・ポジションからこのステップを行うには、後ろ側の脚を後方に振り出し、同時に前側の脚も同じ方向へ降り出す。右側（前側）の脚を左脚（後ろ側）のあった場所へ移すのだ。しばしこのステップは〝リプレースメント・ステップ〟と呼ぶ。（図78、79参照）

ブルース・リーの映画の中ではペンデュラムステップは良く見られる。

「燃えよドラゴン」の冒頭、サモ・ハンとの格闘場面。

「ドラゴンへの道」のチャック・ノリスとの格闘場面。

＜図80、81、82＞　オン・ガード・ポジションからのスティーリング・ステップ（盗み足）。後ろ側の足の数インチの前進は特別なレバレッジを生み出す。このポジションからプッシュ・オフをかけて飛び出すのだ。……そしてスタンスへと戻る

スティーリング・ステップ（盗み足）

時には、相手との距離を縮めるのに、少々神経を使う必要がある。そんなときは、スティーリング・ステップと呼ぶ、小さい特別なステップを使う事ができる。左足を3～4インチ、クイックにスライドさせ、飛び出すのだ。

これは、左足と右足の距離を短くして、プッシュ・オフに少し特別なレバレッジを利かせる事なのだ。他ならぬこの左足の動きはまた、少し特別なはずみさえ生み出す。非常に素早い巧妙なこのステップは、銃の一触即発状態の引き金を想像させる。

しかし、このステップは静止した状態のスタンスからは使用は避ける。小さいが特別な動きが相手にこちらのパンチを出す事を知らせてしまうからだ。

すでに動きの途中、もしくは激しく相手を追い込んでいる場合、スティーリング・ステップは小さいが、更なる爆発力と射程距離、そして相手を貫通する攻撃力をもたらすのだ。（写真80、81、82参照）

その他のバリエーション

先ほど、ストレート・リードを前進もしくは後進しながら打つ方法にいくつか触れた。フットワーク、そして前側の手に非常に多くの使い方があることもすでに理解している事だろう。

サイドステップ、カーブ、ピボット、これらのステップは、パンチが様々な角度を取ることを可能にし、〝ファンシー・ステップ〟は、ストレート・パンチを打つ間、少ない労力でクイックに方向を変える事が出来る。これらのステップは、すべてバウンスやハーフビート・ステップに関連しているのだ。スキップ・ステップは前側の足に全ての体重が乗るべき打撃の選択肢を与える。スタッターステップは勢いとタイミングを操る方法だ。

タイミングについて言えば、敵を混乱させるためにリズムを創り、壊し、短縮する様々な方法がある。これはフットワークを通して成し遂げられるのだ。

小さなステップ

〝Commentaries on the Martial Way〟には、一章をフットワークに割いたセクションがあり、そこではブルースは小さなステップを強調している。第一に小さいステップはコントロールが容易であることが挙げられる。

多くの人たちは、一歩でより長い距離をカバーすれば、それは効果的と考えている。しかし、これは問題である。スライドを大きく取った場合、それは攻撃されやすく、バランスを崩した状態に、より多くの時間を充てているという事なのだ。大きくステップを取れば取るほど、よりオン・ガード・ポジションの基礎ベースの範囲を越え、バランスを崩す事となる。そしてまた、余分な勢いがついていれば、すかさず停止出来ないばかりか、後方への反転をほぼ不可能にしてしまうのだ。

コントロールの欠如について、付け加えるならば、大きい移動は攻撃のフォローアップやカウンター攻撃の態勢を取り辛くもする。スタンスからの無用な逸脱は、貴重な時間の損失だ。

小さなステップは技の有効性を引き上げる。コントロールされた小さなステップを刻む事は、一つの大きいスライドよりも優る。逆方向に体の向きを変えるような動きを取る場合にも、小さなステップがそれを可能にする。しかし、もし大きなステップを踏んでしまうと、次のステップを取るまでに貴重な時間を取られてしまう。

小さなステップに関して、最後に記しておきたいことがある。それは、漫然としたバウンスではないという事だ。フットワークを、目的の無い動きと誤解している人たちがいる。もし敵が目の前で、安全な距離において〝ジルバ〟を踊っているのなら、手を差し伸べるのはよそう。付き合う理由は無い。リラックスしていれば良いのだ。必要な時だけ――敵が近づいてきたり、バランスを回復する必要が生じたり、体の向きを急激に変えたいときにだけ、バウンスするのだ。

効率化は、ジークンドーのルーツ（根）の一つだという事を忘れてはならない。

「効率的なフットワークは、最高にしたたかな物だ。ジークンドーを身に付けた者は、常に可能な限り小さく動くことを心がけとするべきだ」（注20）

フットワークの補助的トレーニング

＜図 83＞　縄跳びはフットワークの補助トレーニングのベストな物のうちの一つだ

縄跳びは、足を鍛えるのに最も役に立つ。両足の持久力を養うだけでなく、身体操作の能力をも大きく高める。縄跳び以上に手っ取り早くて有効な物は無いといってもいいだろう。筋力と心肺持久力を養いつつ、動きの中で体重の扱いを学ぶ事にもなる。（注21、22）

本物の代用はない

当然、実際にその動作をする事以上に、上手くなる方法は無い。ランニングやレッグプレスにしても、優れたフットワークには直接結びつかない。なぜならそれは、神経と筋肉へのプログラミングを必要とするからだ。

フットワークを行う以外、これに代わるトレーニングは無い。フットワークを上達させるには、フットワークの練習をしなければならない。

そして、足の動きに少し余裕が出てきたら、上半身の動きと重ねてシャドーボクシングを行う。テッド・ウォン師父は、フットワークのために自分自身で行えるベストな方法として力説している。なぜなら実戦での動きにより近づけるからだ。（注23）

＜図84＞　サンドバッグを叩く時ですら、フットワークは最優先事項だ

ストレート・リードを打ち込む時は、次の攻撃の前に適切にリカバーする必要がある。また、ショルダーロール、ボブ、ウィーブの動きからも、ストレート・リードを打ち出せるようにフットワークを学ぶ必要もある。

そして、敵を追撃するときに、どうフットワークを用いれば距離を縮める事が出来るのかを、知っておく必要もある。シャドーボクシングはそれらを全て可能にするのだ。

これは体で実験していく事なのだ。動きながら、重心が最も良く動きと適合するやり方を学んでいく事だ。スタンスの章で、ボディフィールについて述べた。シャドーボクシングとは、動きながらのボディフィールの獲得なのだ。

楽しんでやろう。新しい技術の獲得は楽しみながら行うべきだ。体のコントロールとバランス感覚を得始めた時は特にそうするべきなのだ。その種のコントロールからは、確かな満足と力を引き出す事が出来る。

正確さ

フットワークを練習するときは、正確さが最も肝心だ。常に完全なスタンスを取ることを目標にすること。もし右足が3インチ前に踏み出したならば、左脚も必ず3インチ動かす。始めの頃は毎回、ステップしてはストップして、アライメントをチェックするようにする。

右足のつま先から、左脚の土踏まずの下を通る仮想のラインが描かれているか？　もしそうなっていないのならば足の置き方を正しく取る必要がある。

少々強迫観念めいて聞こえるが、しかし新しい技術を学んでいるときは、その為の新しいすべての神経と筋肉の連接が作られているのだということを覚えておく必要がある。ずさんな練習をしていたのならば、間違った動きがプログラムされてしまう。そしてその間違いを矯正したり、捨て去る事は、最初に正しいことを学ぶよりずっと難しく時間が掛かるのだ。

フットワークは退屈なものではない。これはボディフィールを深める事なのだ。動きの中での体重の適切な移動感やバランスを学ぶ出発点だ。

先に述べたように、パンチとは一から作り出される物なのだ。アライメントは足から始まる。ずさんなフットワークからは、強力なパンチを発生させる事は出来ない。パンチを打つ事や、速い、そしてより上級のフットワークに移行する前に、まず基本から始める必要がある。

鏡を使って自分自身の動きをチェックする、チョークで線を引く、キッチンの床のリノリウムの模様を利用する……、何であれ正確さを推し量る事は出来る。第2の天性とするべく、神経筋の伝達経路をプログラムしていくのだ。

ほどなく正しいアライメントを認識できるようになるはずだ。その後、それ以上調整する必要が無い所まで、少しずつ少しずつ調整の仕方を覚えていくのだ。

有効性の為に努力すること。これは初心者だけに対しての事ではない。正確過ぎて悪いことは無いのだ。一般に、1インチや2インチの差など大した問題には見えない。しかし、スタンスにおいてその違いが如何なる物か認識しておくのだ。

戦いの中でアライメントが取れなくなるかもしれない。しかしより正しいポジションに近ければ、その方がより良いのだ。フットワークを退屈と感じる人にとって、私の説明は些細な事にこだわって、正確さに関して少し度を越した強迫観念に取りつかれているように思えるかもしれない。

そこで、この章を終えるにあたって、バスケットボールの偉大なコーチ、ジョン・ウッデンの言葉を取り上げたい。

『これらの些末に見える事と、他のやはり些細な事と呼ばれる物の、幾度とない多くの積み重ねが、とてつもなく大きな物——成功を築き上げる。

バスケットボールにおいても、人生の他の部分においても、成功というものと、細部へのことさらな拘りというものは、常に関連してくる。

成功した人間、チャンピオンなど、勝者らを見たとき、彼ら一人一人から、まったく疑う事なくそれを目の当たりにするだろう』（注24）

ブルース・リーが、細部のディティールに注意を払っていたことは請け合える。そしてフットワークの練習を、決して退屈なこととしていなかったことも確信できる。

我々はブルース・リーとは違うかもしれないが、生活のすべての範囲において、細かい所に気を配ることで、よりベストに近づくことは出来る。

Notes

1　Bruce Lee, ed. John Little, *Jeet Kune Do: Bruce Lee's Commentaries on the Martial Way* (Boston: Tuttle Publishing, 1997), p. 199.

2　Aldo Nadi, *On Fencing,* (Bangor, ME: Laureate Press, 1994), p. 63.

3　Vijay Prashad, *"Summer of Bruce" in Screaming Monkeys* (Minneapolis, MN: Coffee House Press), p. 256.

プラシャドは下のように書いている。

「一流同士の相互交換作用の実例として、偉大なボクサーのシュガーレイ、レナードは1982年に行われたインタビューにこう答えている「私に影響を与えた人物の一人はボクサーではありません。私はいつもブルース・リーの猫の様な反射と優れた技量を愛していました。私は彼がカラテ（原文ママ）で出来た事をボクシングでやりたかったのです。私は彼が"燃えよドラゴン"で本当に有名になる前から彼の映画を観ていました。そして私は彼のやり方の多くを手本としたのです。」

4　Lee, ed. John Little, Jeet Kune Do: *Bruce Lee's Commentaries on the Martial Way,* p. 193.

5　Jim Driscoll, The Straight Left and How To Cultivate It (London: Athletic Publications, LTD.), p. 13.

6　Nadi, *On Fencing,* p. 156.

7　Jack Dempsey, *Championship Fighting: Explosive Punching and Aggressive Defence* (New York: Prentice Hall, Inc., 1950), p. 18.

8　*Bruce Lee: A Warrior's Journey,* の29分35秒の個所を観よ

9　Lee, ed. John Little, *Jeet Kune Do: Bruce Lee's Commentaries on the Martial Way,* p. 201.

10　Bruce Lee, *Tao of Jeet Kune Do* (Santa Clarita, CA, Ohara Publications, Inc., 1975), p. 139. *Instruction and Technique* (London: Faber and Faber, 1948), pp. 38-39:
ブルース・リーの“ファイティング・メジャー”と、ロジー・クロスニエルの“フェンシング・メジャー”の比較
“フェンシング・メジャー”とはフェンサーが相手との関係において守るべき距離だ。それは相手が一杯に踏み込んでこなければ打てない距離の事をいう。

11　同上., p. 40.

12　同　上., p. 56. Lee, ed. John Little, *Jeet Kune Do: Bruce Lee's Commentaries on the Martial Way*, p. 189 との比較：
「生徒は標的に届く事を目論んで前傾する事は決して許されない。一度オンガードポジションからのストロークを会得したら、少しずつ距離を離していくのだ。」

13　Nadi, *On Fencing*, p. 183.

14　Ted Wong with John Little, "The Key to Defeating Any Attack: The Footwork of Jun Fan Jeet Kune Do," *Bruce Lee: The Official Publication & Voice of the Jun Fan Jeet Kune Do Nucleus*, December, 1998, p. 81.

15　Bruce Lee and M. Uyehara, Bruce *Lee's Fighting Method* (Burbank, CA: Ohara Publications, Inc., 1978), pp. 42-43.

16　See William Cheung and Ted Wong, Wing Chun Kung Fu/ Jeet Kune Do: A Comparison Vol. 1 (Santa Clarita, CA: Ohara Publications, Inc., 1990), pp. 30-31,
テッド・ウォンがステップ・アンド・スライドそしてアドバンス・シャッフルについて説明している。

17　Ted Wong with John Little, "The Key to Defeating Any Attack: The Footwork of Jun Fan Jeet Kune Do," Bruce Lee: *The Official Publication & Voice of the Jun Fan Jeet Kune Do Nucleus*, December, 1998, pp. 81.

18　Dempsey, *Championship Fighting: Explosive Punching and Aggressive Defence*, pp. 97-98.

19　Cheung and Wong, *Wing Chun Kung Fu/Jeet Kune Do: A Comparison Vol. 1*, pp. 36-37. テッド・ウォンがペンデュラムステップについて説明している。

20　Lee, ed. John Little, *Jeet Kune Do: Bruce Lee's Commentaries on the Martial Way*, pp. 195-199.

21　同上 ., p. 195. ブルース・リーは縄跳びの大いなる支持者だ。“縄跳びは身体を機敏に動かす事を学ぶのに最適の素晴らしいエクササイズだ。” そしてまたこうも書いている。“良いフットワークのサプリメントエクササイズだ。”

22　Lee and Uyehara, Bruce Lee's Fighting Method, p. 10. より縄跳びの事について

23　Wong, "The Key to Defeating Any Attack: The Footwork of Jun Fan Jeet Kune Do,"December, 1998, p. 84.

24　John Wooden with Steve Jamison, *Wooden: A Lifetime of Observations and Reflections on and off the Court* (Chicago: Contemporary Books, 1997), pp. 60-63.
ジョン・ウッデンは多分、全ての時代に渡り偉大なバスケットボールコーチと思われる。彼は細部にまでやかましく、あからさまに選手の正確な靴のサイズや靴ひもの結び方にまでこだわった。彼の有名な靴下をはく様な議定案はバスケットボールの伝説的な教えとなっている。

「私は基本という物を信じている。注意を払い完璧にする。

一般には見過ごされてしまう、小さな細部までを。些細で、多分、理解の無い者はばかげているとさえ思うだろう。しかし違うのだ。バスケットボール、仕事、そして生活の向上の根本となる物なのだ。チャンピオンとチャンピオンに近い者の相違点だ。」

CHAPTER 6 なぜストレート・リードか？

これまで、ストレート・リードのハウ・ツーについて論じてきて、メカニクス、生体力学、物理学に基づいた確かな根拠の基本的理解を得られたはずだ。

ここからは、ストレート・リードを使う理由に焦点を当て、闘いの科学について述べる。

この章では、これまでに話したメカニクスについての内容、またその応用について、次章と少し重なる部分がある。

ブルース・リーは彼の蔵書、ヘイスレットの〝Boxing〟からストレート・リードに関して幾つかのアドバンテージを取り上げている。

1. より速い――二点間の最短距離は直線になる
2. より正確――外す確率が低く他のパンチより確実である

3. 打つ頻度に優れる――より多くのダメージを与えられる
4. バランスを乱さない――より安全である
5. より安全、より確実、より簡単
6. 手を傷めにくい（注1、2、3）

より速い

ブルースのリストの最初の項目から始めよう。ストレート・リードが、最も速く打つことが可能なパンチであるといえる理由がいくつかある。

最初の理由は単純な幾何学の問題――二点間の最短距離は直線であるという事だ。ストレートパンチは、カーブパンチやフックパンチ、スイングパンチを常に打ち破る。

この基本的な事実を思い出させてくれるものを、ジークンドーにボクシングの影響を与えた主要人物――デンプシー、ドリスコル、ヘイスレット（注4）の著述の中から、繰り返し見つける事が出来る。ドリスコルが次のように露骨に述べたように。

『どんな二点間の最短距離も必然的にそれらの間を結ぶ直線となるという明白な事実の確認にユークリッド（幾何学）を引用する必要は、よもや無いだろう。どんなボクサーであっても（知性が低いかどうかに関わらず）、ストレート・パンチは常に腕を振り回すパンチより先にたどり着くという当然の成り行きについては同じく論を待たない。もちろん、両者が同時にスタートすればの話だが』（注5）

これに関して、次のように付け加えたい。

熟練のストレートパンチャーは、相手のスイングパンチより後からストレートパンチを打ち始めた時でさえ、タイミングと正確さ、確固たるメカニクスが1つに揃うことで、相手のスイングパンチより先に一撃を加える事が出来る。（図85参照）

＜図85＞　常にストレート・パンチが勝つ。テッド・ウォン師父（奥）のリア・ストレートが、私（手前）のフックより遥かに先に当たる

デンプシーは同じような論争をしたが、その中でもやはり、前の手、後ろの手どちらから放たれたストレートパンチであっても、弧を描くパンチを打ち破ると主張している。（注6、7）

このストレートライン論争は常識的感覚だろう。デンプシーの時代には、これは周知の事実と考えられていた。しかしながら、現在の学習の劣るパンチャー達の間では忘れ去られてしまったようだ。

リードパンチを速くするのは、ストレートラインだけではない。

体を適切に（一列に）揃えて構えた時、リードハンドの位置は、ターゲットにさらに近くなる。ブルースは次のように述べている。「前寄りの配置、つまりスタート前にターゲットまで半分の距離に居るという理由で、それは優れた攻撃的、防御的兵器である」（注8）

また、デンプシーのオーソドックス・スタンスは、強い（右の）手を後ろにセットアップしていたので、彼はリードハンドが務めるさらに重要な役割を、主にターゲットへの近さを理由に強調していた。（注9）

ストレートラインと前寄りに配置された手による打撃の相乗効果は、リードパンチを速く打てるようにするだけではない。――それは、パンチを打つ労力をより少なくもしてくれる。

動きの効率性について話してきたが、一旦ストレート・リードのアドバンテージリストの4番目のテーマまで飛ぶことにする。

バランスを乱さない

既に、ジークンドースタンスの堅固さについては立証した。また、ニュートンの作用・反作用の法則についても論じてきた。そして、バランスと重心の重要性、そして動作中のバランスをどのように維持するかについても話してきた。

より大きな枠組みで見ても、やはりその構えが本当にストレード・リードのためにセットアップされていることを認識することが重要である。

ジークンドーのオン・ガード・ポジションは、その構えからの最小の変化でストレート・リードが打てるように構築されているのだ。

リードハンドは、ターゲットへの移動距離が短いという理由から、ストレート・リードは我々に「時間とバランスの効率化」というアドバンテージをもたらす。（注10、11、12）

ターゲットへの距離がより短いということは、構えからの変化がより小さく、リカバリータイムがより短い。つまりそれは、より早く次のパンチを出せることを意味している。そしてもちろん、バランスの乱れが少ないということは、機動性の向上、回避とカウンターの成功、そしてより多くの攻撃を繰り出せる能力を意味している。

ドリスコルも、

「もし大振りのスイングパンチ（アメリカ人が言う所の〝haymaker〟）を空振りしたら、ほぼ確実にバランスを失い、敵の思うままになってしまうだろう」（注13）と述べている。

ちょっとしたフォーカスミットドリルを試してもらいたい。ミットを持つ人間は、パンチを打つ人間にストレート・リードやフックパンチを、時々空振りさせるようにする。同じくストレート・リードやフックパンチを正しく打っているとしても、フックパンチの空振りからのリカバーには多大な労力が必要だと気づくだろう。

ノンテレグラフィック

ブルースのリストには載っていないが、ストレート・リードの効率的な特性は、次のような明らかな結果をもたらす。

ストレート・リードは、ジークンドーの武器庫の中で、最も相手に感知されにくいパンチである。

距離の近さは労力の小ささと構えからの変化の小ささ、時間の短さを表す。

時間の短さは予告の小ささを表す。相手は誇張なしに何が自分を殴ったのか分からないだろう。

デンプシーとブルースの両者は、〝ノンテレグラフィック〟である事について、たくさん語っていた。（注14、15）（訳注：日本では「予備動作のあるパンチ」を〝テレフォンパンチ〟と表現されることが多いが、ブルースは、〝テレグラフィック〟＝電報の・電信の、という表現を用いた。ノンテレグラフィックとは、予備動作のない動きのことである。）

スイングパンチはターゲットに届くのが遅いだけではなく、それ自体が実質的に大きな信号であるとドリスコルは記述している。（注16）たとえ、ファイターの最も強力なパンチがスイングパンチだとしても、もし敵がそのパンチが来るのを遠く離れた位置で分かるなら、そんなパンチを出して何か良い事があるだろうか？　そんな事をすれば敵がパンチを避けるか、もっと悪い時は強烈なカウンターを繰り出してくるのに十分な時間を与えてしまう。

スイングパンチは、ストレート・パンチより長い距離を移動するという事だけではない。ストレート・パンチが向かってくる角度は感知を困難にする。

考えてみて欲しい。スイングパンチは左から右へ、または逆方向へ、あなたの視界を横切らなければならない。アッパーカットに関しても同様に、腕と拳が縦に動くが見えるだろう。

だがストレート・リードと対面した時に相手の目に映るのは、一定の距離から見る拳――そして次は、

顔面に入った拳である！（図86から図89参照）

＜図86、87＞　ストレートパンチは警告を与えない。拳は最初離れた場所にある。……そして次の瞬間には、拳は顔面に入っている

＜図88、89＞　ストレートパンチと比べ、フックパンチは視界を横切り大きくあらわになる。敵の拳が左から右へ動くのが見える。回避やカウンターの時間を与えている

正確性

ブルースのリストに戻る。
ストレート・リードは、他のパンチよりも優れたコントロールと正確性を持つ。バランスやリカバリー、テレグラフ、距離についてのすべての論点は、ストレート・リードの優れた正確さに貢献している。
またストレートパンチは、腕を最大限に伸ばすことが見込める。（注17）
すでに触れたように、弧を描くパンチの相対的な遅さは、敵にパンチを認識して避ける時間を与える。そして敵が離れていく場合には、フックパンチやスイングパンチなどの短いリーチでは、なかなか当たらなくなる。（注18）
ソードファイティングの類似した進化、ブロードソードからレイピアという最後の選択を思い起こしてほしい。その歴史から、金属鎧の上から斬りつけようとするよりも、鎧のプレート間の小さな弱点を正確に突き刺す方がより効果的であることが証明されている。（注19）
ドリスコルは、ストレート・リードの進化は、レイピアの歩みを追ったものだと論じた。
『〝ベアキャット〟組は棍棒戦士だ。レイピアの使用を見下している。それは、彼らが勝負の微妙なポイントについてまったくの無知であるという単純な理由からである。
だが、一対一の決闘の歴史が彼らの主張に異議を唱えている。人はクラブでの娯楽として、レイピアの方が好きだからという理由では棍棒を捨てなかった。剣が、それ自体を（棍棒よりも）さらに有用な武器だと証明したからこそ、捨てたのである。

過去にも同じような移り変わりがあった。斧は棍棒に取って代わった物だが、剣とバックラーに道を譲り、そして剣に関して言えば、ブロードソードとサーベルでさえも、レイピアが支持される中で捨て去られてしまった』（注20）

無知な観客達はスイングパンチや、サーベルを大きく振るようなドラマに引き付けられるとドリスコルは論じた。同じことが、今日の血なまぐさい映画の中の脚色された、ゴロツキがやるような闘いにも言えただろう。スイングパンチは誰にでも分かりやすい。カメラにも見栄え良く写る。

だが、試合やそれ以外の現実的脅威に直面した時には、こちらが敵をどう攻撃するのか知られたくはない。正確性の話題に戻ろう。スイングパンチはコントロールが難しく、それゆえに正確に狙いをつけるのが難しい。

フックパンチを打つ時、その方向を変えるのはかなり難しい。一旦、ブローを打とうとしたら、後は右か左（へのパンチ）を選んで終わりだ。また忘れてはならないのが、スイングパンチからオン・ガード・ポジションに戻るのがどれだけ難しいかということだ。

しかし、ストレート・リードのコンパクトさと、その矢のようにまっすぐな軌道は、パンチを打っている間でさえ容易にその方向を変える事を可能にしている。フットワークを使うことにより微調整をすることが出来るが、それでもまだ、速く動いている的にパンチを当てることが可能である。

ストレート・リードは、ノックアウトパンチより幾分威力が小さいかもしれないが、もし一回も当てる

＜図 90 ＞　フォーカス・ミットでの練習は、
正確性を高めるために良い方法の一つである

ことが出来ないなら、ノックアウトパンチを持っていて何か良い事があるだろうか？　当然、ノックアウトパンチを外した時は、カウンターに晒される局面に取り残されるだろう。

完璧な〝堅苦しい〟ストレート・リードは、これに反して、仕事を行うのに十分以上の威力を生み出し、そしてはるかにたくさんの仕事が出来る。（図90参照）これはリストの次の項目へと繋がる。

命中頻度に優れる

すでに論じた事に基づき、より早く、ノンテレグラフィックで、より正確で、よりターゲットの近くから打つパンチは、より頻繁に当てる事が出来る事を意味する。

そして、ブルースが記したように「より多くのダメージを与えられる」（注21）また、パンチを打つ時の効率の良さは、リカバリーの早さに繋がり、さらに追加して打撃を放つ事も可能になる。

効率の良さは、時間と動作のみに生じるわけではない。正しいメカニクスと結びついたリカバリーのコントロールと、構えからの変化の最小化によって明らかに疲れにくくなる。その気になればストレート・リードを一日中打つ事だって出来るだろう。

命中頻度の高さは敵のバランスを失わせ、守勢に回らせ、そしてフィニッシュする機会を創り出す。（注22）もちろん、正確に放たれた一発のストレート・リードは、敵をフィニッシュして余る威力を出すことができる。

手を傷めにくい

これについては、すでにメカニクスの章で論じた。デンプシーのパワーラインについての実験、そしてトップ・ツーナックルの代わりに、ボトム・スリーナックルでコンタクトした時に、どれだけ手首がしっかり安定していたかを思い出そう。

繰り返すが、これは単純に人体の構造上の問題である。親指を上にしたストレートパンチは、肩から腕を通って下三つの拳頭まで走るパワーラインというアドバンテージを与える。（注23）高い威力で打てるだけではなく、間違ったナックルを使い続けることで被るインパクト時の過度な負荷から、手を負傷するといった事を防ぐことができる。（注24）

スイングパンチ使いは、手に無用なリスクを与えるので、ファイターとしてのキャリアは短くなるだろうと、ドリスコルは付け加えている。ストレートパンチの正確性は、下三つの拳頭が当たる頻度を向上させ、ボクサーの体勢を衝撃を吸収するのにベストな状態にする、とドリスコルは主張した。

一方スイングパンチは、正直に見ても当たるチャンスが減り、さらに手に大きなリスクにさらしてしまう。以上の理由から、ストレートパンチは選手生命を長くするのに大きな役割を担っている。

「スイングパンチ使いの手や手首は、いつか駄目になってしまうだろう。それも短期間で」と、デンプシーは記した。（注25）

より安全、より確実、より簡単

ブルースのチェックリストに沿って、ストレートが正確性の面でいかに確実であり、メカニクス、距離、リカバリー、バランスの面からいかに簡単であり、パンチを打つ手を守る構造の面でいかに安全であるかを論じた。

この安全性の問題は少し置いておくとして、ストレート・リードの全アドバンテージは、デンプシーが

〝攻撃的防御〟と呼んだものにどのようにしてここまで深く寄与したのかを話そう。

パンチが最上位

ビッグマネースポーツや、テレビの有料番組で殺戮ショーが氾濫する現代において、ボクシングが「実用的な防御の科学」と考えられていた時代があったと言っても、信じてもらえないかもしれない。(注26)ボクシングの最初の目的が忘れ去られていた事が、ドリスコルとデンプシーの両者をそれぞれ〝The Straight Left and How to Cultivate It〟と〝Championship Fighting : Explosive Punching and Aggressive Defense〟の著述に駆り立てた。

デンプシーが〝Aggressive Defense（攻撃的防御）〟という言葉をタイトルに入れたのは偶然ではなく、その軽視がデンプシーを激怒させているものだった。(注27)

現在のボクシングシーンは良い方向へ変化していないように思えるが、少なくともドリスコルが1920年代に同じ事で不満を言い、ディフェンスの技術の喪失に「ボクシングの衰退」と非難していた事は知っておきたい。

ドリスコルは、攻撃と防御は密接につながっているが、後者は忘れられてしまったと著書に記している。

『ボクシングはとどのつまり、最初から最後まで、常に護身のアートである。結果として、勝利する為には、単にディフェンスは考慮すべき重要事項だと覚えておくのではなく、攻撃はディフェンスの助手としてのみ、そして「最強の防御の形は、（殆どの場合リスクを最小限にする目的で行われる）猛攻撃である。或いは全戦力によるカウンター攻撃である」という言葉の趣旨においてのみ許容されると覚えておく事だ』（注28）

デンプシーも同様に、ストレートパンチをディフェンスとして高く信頼していたので、それを中心に本を著したが、ディフェンスの動き一つを記述する前にパンチのメカニクスについて徹底して記述する事を選んだ。そして、ストレートパンチはディフェンスの第一候補であることを説明するために、ディフェンスのセクションに〝Punch Ranks First（パンチが最上位）〟とタイトルをつけて紹介した。

「闘いにおいて最高のディフェンスは、攻撃的ディフェンスである」とデンプシーは記している。「防御的なそれぞれの動きは、カウンターパンチと一緒に行われるか、カウンターパンチによって即座にフォローされなければならない。そして、もしパンチの打ち方が分からなかったら、カウンターを正確に打つ事はできない」

デンプシーは、パンチの能力に自信の無い「同僚たち」が、どれだけ「ディフェンス・コンプレックス」を増大させたのか、その結果として、不必要なフットワーク、後退、腰の引けたパンチなどで、リングの中で最初から最後まで質の悪い時間を過ごしているかを説明し続けた。（注29）

このように逃げ回ってばかりでは疲れてしまう！　無駄に動き回らず、絶妙なタイミングでの的確な場所へのストレート・リードで、ラッシュしてくる相手を止める方が効果的である。そして、それでこそ（ボクシングが）面白くなる。

この章の始めで話したように、そのストレートパンチは、同時に打ちはじめたスイングパンチを常に打ち破る——時には、フックパンチやスイングパンチが先に放たれた時にも。

ヘイスレットの〝Boxing〟の中に、これに関する素晴らしいイラストがあるが、そこにはまたジャブに対する防御方法と書いてある。

ヘイスレットは次のように書いている。「ディフェンスの手段としてストレートパンチを使う事が、ここまで完璧なため、ボクサーはそうするように訓練されたかどうかに関わらず、無意識でよくそれを使う」（注30）

ストレート・リードを、ここまで優れた防御的な動きにしている部分は、完全に正中線を守った構えから打ち出されるその方法である。事実、リアクロスや従来のボクシングのジャブとは違い、パンチを放つ時のこちらのターゲットエリアは本当に狭くなっている。ストレートパンチのこの防御的性質のルーツはフェンシングにある。

フェンシングの基本原則は〝ラインを維持する〟ことにある。フェンサーのようにストレート・リードを放つ事で、肩から腕にかけて直線を作る。それにより相手がこちらに攻撃を届かせるのは非常に困難になる。腕を伸ばし、腰部を回転させることで、自分の中心軸への相手の攻撃を届き難くするのだ。

それは自分がヒットしに行く間、相手にはヒットされにくいということだ。攻守共に有利なシチュエーションとはこのことだ。

ドリスコルによれば、相手にとってそのストレート・リードによる防御を打ち破るたった1つの方法は、自分のパンチをストップさせることだ。（注31）

この章では、ファイトシーンにおいてストレート・リードを使う主な理由——速さ、正確性、ヒットの頻度、バランス、そして安全性——について少しだけ触れた。

次の章では、少しだけ応用法についてと、どのようにストレート・リードが用いられるか話したい。今のところは、ブルースが書き残した事を覚えておいて欲しい。

「ジークンドーのすべての攻撃の中には、防御もまた融合され、私が〝防御的な攻撃〟と呼ぶものを形成している」（注32）

パワー・イン・ザ・パンチ

ストレート・リードの有利性を述べたこの章を終える前に、少しだけ生体力学の課題に戻りたい。すでにストレート・リードに関するやり方と、メカニクス、物理的運動法則など科学的な理由については説明した。これらにもう1つ、ストレート・リードを支持するもう1つの証拠を付け加えておきたい。

1974年にブラックベルトマガジンは、ヘイワード・ニシオカが行った、ジークンドーのストレート・リードと空手の突きの比較研究を再録した。

その研究は、関節部とその周辺の筋肉群に電極をつけ、各筋肉が筋電図の活性が計測された。肩関節部では大胸筋、三角筋前面、広背筋が測定された。肩帯部では前鋸筋、僧帽筋Ⅱ、僧帽筋Ⅲが測定された。肘関節部では上腕二頭筋、上腕筋、上腕三等筋が測定された。

ジークンドーのパンチは、肩関節部における3つの筋肉に高い活性化が記録された。

空手の突きは、肩帯部の3つの筋肉に高い活性化が認められた。

そして最も興味深いのは肘関節部である。

主動筋と拮抗筋に関する説明を思い出して欲しい。筋肉のリラックスがどれだけ双方の同時活性化を最小化するか、そして結果としてスピード、効果、疲労に関わってくるかを。

ニシオカは、空手の突きでは主導筋と拮抗筋両方が活性化し、〝パンチンググローブ上で衝撃を中和している〟ことを発見した。

拮抗筋――広背筋、僧帽筋、上腕二頭筋――が〝インパクトのかなり前〟に、異常に収縮していた。異常な収縮は〝ブレーキ〟収縮と考えられる。この場合、それは明らかに加速を鈍らせ、空手の突きの効果を減じていた。

一方、ジークンドーのストレート・リードでは、拮抗筋の活性がより低い数値を記録した。結果として、より速くパワフルなパンチになっている。（力＝質量×加速度を思い出してほしい）

そして主動筋と拮抗筋が活性化してはいるが、同時活性化しているのはインパクトの瞬間だけであった。これはパンチのスナッピングの背景を考えれば頷ける。インパクトの直後に向きを逆転し、腕を引き戻しているが、これには並外れた筋肉の収縮が要求されるのだ。（注33、34）

ニシオカの研究から分かるように、適切なテクニック、フォーム、リラクゼーションがスピードとパワーを生み出し、それがすべてのストレート・リードのアドバンテージを可能にしているという事実を繰り返して、この章を終える。

Notes

1　Edwin L. Haislet, *Boxing* (New York: A.S. Barnes & Noble Company, 1940), p. 7.

2　Bruce Lee, ed. John Little, *Jeet Kune Do: Bruce Lee's Commentaries on the Martial Way* (Boston: Tuttle Publishing, 1997), p. 212.

これらはヘイスレットの本の６ページ目のブルース自身による書き込みだ。ブルースは７ページ目の内容について本質を要約している。

3　Bruce Lee, ed. John Little, *The Tao of Gung Fu* (Boston: Tuttle Publishing., 1997, p. 59.

ここではブルースがボクシングのストレートパンチの原則を研究して、どう具体化するかを1964年時点の初期の結論として示している。

4　p.14. ストレートパンチvsスイングパンチ：“それら（ストレートパンチ）は腕を振り回すパンチよりも短い移動で先に目標に到達している”

5　Jim Driscoll, *The Straight Left and How To Cultivate It* (London: Athletic Publications, Ltd.), p. 40.

6　Jack Dempsey, *Championship Fighting: Explosive Punching and Aggressive Defence* (New York: Prentice Hall, Inc., 1950),

pp.65-66. ドリスコルと同じ、経験的な常識と幾何学的な考察を用いてデンプシーは書いている。

「ストレートラインは２点間の最短の距離だ。ノーマルな構え方では、どちらの拳もフックやアッパーカットの描くカーブラインよりもストレートパンチは短い距離を移動する。したがって常にストレートパンチは（a）どちらか一方が動きをストップして的をさらけ出したチャンスに（b）どちらか一方が爆発的に攻め込む時、に使うべきだ。他の言い方をすれば、フックやアッパーカットをロングステップで踏み込んで打たずにストレートパンチをシャープに打ち込めという事だ。」

7　Roger Kahn, *A Flame of Pure Fire: Jack Dempsey and the Roaring '20's* (New York: Harcourt Brace, 1999, pp. 73-74.
デンプシーのストレートパンチへの科学的アプローチの説明を伝記作家のロジャー・カーンは熟練した者のパンチが常に素人のそれを退ける事として描写している。

"プロフェッショナル相手に大振りのパンチを試せば、１ラウンドどころか次の瞬間には、パンチを打ち込めるどころか立っている事すら、かなわない。プロは、素早く、冷徹に左のショートパンチを荒っぽい右（のパンチ）の内側に叩き込むだろう。"
8　Lee, ed. John Little, *Jeet Kune Do: Bruce Lee's Commentaries on the Martial Way*, p. 210.
9　Dempsey, *Championship Fighting: Explosive Punching and Aggressive Defense*, p. 49.
デンプシーの場合、左手がリードハンド（前側）に位置している事を心に留めておかねばならない。「反対に思うかもしれないが、左の拳は右利きのファイターにとって、右の拳よりも重要だ。（サウスポースタンスの事ではない）これは真実だ。平均的な構えでは左手は相手の頭部やボディに対して、より近い位置にある。相手により接近した時、左のパンチは相手にとって離れた位置から打ち出される右のパンチより、かわす事が、なおのこと、困難になる。もし左の強烈なストレートもしくはフックを打ち込めたら、大抵、相手のバランスを崩せ、結果、相手を"準備"させて、右で狙い撃ちできる。」
10　Driscoll, *The Straight Left and How To Cultivate It*, p. 43.
ブルースの蔵書のヘイスレットの本の一節の"時間と労力の両方の更なる効率性"は、多分、ドリスコルの著作の 43 ページからの引用と思われる。
11　同上 ., p. 42.
12　Haislet, *Boxing*, p. 7.
"バランスとはより乱れを少なくする事"とヘイスレットの本にある。

13　Driscoll, *The Straight Left and How To Cultivate It*, p. 59.

14　Dempsey, Championship Fighting: Explosive Punching and Aggressive Defence, pp 32-33.

15　Lee, ed. John Little, *Jeet Kune Do: Bruce Lee's Commentaries on the Martial Way*, pp 208, 257.

16　Driscoll, *The Straight Left and How To Cultivate It*, p. 60.
ドリスコルはこう記している。

「振り回すパンチはかなり長い弧を空中に描く事になる。故に相手に何か察知されずに済む事は殆んど無い。そのパンチが成功するケースは大抵、相手が逃げ腰の場合だ。そして私にとってこの手の有効性の低いパンチは殆んど必要の無い物だ。」

17　Haislet, *Boxing* (New York: A.S. Barnes & Noble Company, 1940), p. 14.

18　Driscoll, *The Straight Left and How To Cultivate It*, p. 41.
ドリスコルは特有のさりげないユーモアを込めてスイングパンチとそれの正確性の欠如を挙げている。

「スイングしてパンチを出している事で貴重な時間を無駄に費やしてしまう事は特に別にして、スイングして正確に狙って打つ事は、ほぼ不可能だ。パンチを振り回して、どこか、そこいら辺に当たるように、もうお願いするしか望みが無い間に、的の役割をおおせつかったボクサーはその大振りのパンチを避ける機会をより多く与えてもらえる。」

19　Richard Cohen, *By the Sword: A History of Gladiators, Musketeers, Samurai, Swashbucklers, and Olympic Champions* (New York: Random House, 2002), pp. 11-39.

20　Driscoll, *The Straight Left and How To Cultivate It*, p. 20.

21　Lee, ed. John Little, *Jeet Kune Do: Bruce Lee's Commentaries on the Martial Way*, p. 212.

22　Haislet, *Boxing*, p. 14.

23　Dempsey, *Championship Fighting: Explosive Punching and Aggressive Defence*, pp. 34-40.
デンプシーはこの著作の中で、パワーラインについて一章を充てている。

24　同上 ., p. 39.

25　同上 ., p. 42. デンプシーはストレートパンチの安全性について言及している。「昔の優れたファイターやボクサーは常にストレートの練習をしていた。彼らはその時は、正確にその拳の正面でヒットし、そうする事で打撃の衝撃を最もふさわしい形で受け止めていたのだ。スイングするパンチはどんな形にせよグローブを広げて手のひらで当てる事は全くと言って良い程無い。この方法は頭部やボディを狙って打つと殆んど親指の部分が当たってしまう。そしてインパクトの衝撃や痛みを腕全体でカバーして正しく分散させる事が事実上不可能だ。

ストレートを正しく打った時には手や腕の全ての骨格、筋肉、腱がハードパンチの衝撃のダメージをサポートするように自然に配置される。ところがスイングは全ての衝撃が手と手首だけに一度に発生してしまう。この事実がスイングよりもストレートを一種、はっきりと圧倒的に支持する理由だ。」

26　Captain John Godfrey ed. W.C. Heinz, "The Useful Science of Defence" in *The Fireside Book of Boxing* (New York: Simon and Schuster, 1961), pp. 158-162. で中でブルースの書斎にこの本があるのが観られる。

27　Dempsey, *Championship Fighting: Explosive Punching and Aggressive Defence*, p. 11.

28　Driscoll, *The Straight Left and How To Cultivate It*, p. 26.

29　Dempsey, *Championship Fighting: Explosive Punching and Aggressive Defence*, pp. 115-116.

30　Haislet, *Boxing*, p. 73.

続きの一節はブルース・リーの蔵書にアンダーラインが引かれていたものだ。同時に p.78 に挿絵が見られる。

「インサイドのパリーと左ジャブ―は、敵がレフトジャブを打った時、開いたその左に対して強みを発揮する左のストレートだ。殆んど全てのボクサーが意識する、しないに関わらず使用する基本的なカウンターだ。敵のジャブをかわすと同時に突き刺し、ショックを与える。そして他のカウンターの為のセットアップでもある。遅い左ジャブに対して最も有効だ。」

31　Driscoll, *The Straight Left and How To Cultivate It*, p. 30.

ドリスコルはストレートを防御として使用して失敗する場合を論じている。

「フェンサーはラインを守るように教えられる。また、この事以上に他に学ぶべき問題は無い。事実、全てにおいて真にこれ以上の問題は無いのだ。常にラインを守っていれば相手に触られる事は有り得ない。そしてフェンサーの場合と同様に、ボクサーもそうなのだ。ボクサーが彼のラインを守ってさえいれば、すなわち左のストレートを出たり入ったりしながら出し続けていれば、相手は手の出しようが無い。相手は無力もしくは実際に攻撃しても殆んど効果が無い。左ストレートを巧みにかわす相手もしくはディフェンスを無理やり通ってくる相手によって初めて、やむを得ず、強制的な形でストレートラインから外される。言い方を変えれば左ストレートを中止するのだ。」

32　Lee, ed. John Little, *Jeet Kune Do: Bruce Lee's Commentaries on the Martial Way*, p. 65.

33　Hayward Nishioka, "Power in the Punch," *The Best of Bruce Lee*, 1974, pp. 72-74.

ヘイワード・ニシオカは1967年の全米柔道選手権の金メダリストであり、複数の学位称号を持っている。（その内の１つは体育学の修士号である）そしてロサンゼルスシティカレッジの准教授でもある。

34　M. Uyehara, *Bruce Lee: The Incomparable Fighter* (Santa Clarity, CA: Ohara Publications, Inc., 1988), p. 59.

他の武術家との結びつきと違ってブルースとニシオカは互いにバランスの取れた尊敬を持っていたようだ。

CHAPTER 7 ストレート・リードの応用

スパーリング

〝マーシャル・アート〟という言葉は、戦闘に関する訓練法のみならず、そこから発展したスポーツ格闘技（ボクシングやフェンシング）、演武（型の表演競技）、エクササイズ（太極拳やキックボクササイズ）といったものまでを含む、包括的用語である。

だが覚えておいて欲しい。ブルース・リーがマーシャル・アートとジークンドーについて語った時、彼は〝マーシャル（戦争）〟の元来の意味に触れていた。そう、彼は実戦の格闘について話していたのだ。だから、戦いの中でストレート・リードをどう適用するかを論じる時には、これを頭に入れておくこと。

本書では、ポイント制の競技やタッチによる得点稼ぎについては扱っていない。また、型の稽古についても論じていない。

もちろん、そのような方法でマーシャル・アートを学ぶこと自体は、まったく悪いことではない。型や武術《ウーシュウ》の表演には運動能力が必要とされるし、映画の振り付けには驚かされる。これらのアートは、一流運動選手の技能を要求するが、そのような時間、忍耐、そして鍛錬を要求されるものは、どれにもその努力に見合う価値がある。

彼らはただ、実戦でのストレート・リードの利用価値を十分に理解できる程には、先人たちに近く無いだけなのだ。

他の武術とは対照的に、ジークンドーには派手さが無く、数種類のパンチとキックという、わずかの技術があるだけだ。このことに関して、いま一度ジークンドーのルーツ（根）を思い出してほしい。すべては効果的であることと、効率的であることに立脚している。ストレート・リードは効果的な働きの典型例だ。瞬きをすればそれを見逃してしまう。そこがポイントだ。白熱した闘いの最中には、複雑な技術や無駄な動作のための時間は無い。

ブルース・リーが映画でやっていることの多くは、ジークンドーの誇張されたものだったり、もしくは武器を使う場面に見られるような、映像的に面白く見えるように取り入れられたものだ。

しかしながら、彼が実際書き残し、自宅でのスパーリングで用いた技術は、映画向けの動きに比べて無駄が無く合理化されている。（注1）

スパーリングの話題に移るが、この〝スパーリング〟という言葉もまた、何でもありの戦いから約束組み手まで、幅広い定義を含んでいる用語である。

ジークンドーでは、スパーリングとは実戦に近づく事を意味している。練習用グローブとヘッドギアを

＜図 91 ＞　スパーリングはストレート・リードの価値を本当に理解する為の唯一の方法である。ここでは、リア・クロスのセット・アップの為に用いた

身に付けて行うが、条件や激しさのレベルは目的により変えられる。

ある時は、特定の技術の組込みを習得できるように、全力より少し力を落として行う。またある時には全力の喧嘩に近くなる。（図91参照）

いずれの場合においても、スパーリングで重要なポイントとは、より現実的な状況の中で、どのようにテクニックを適用するのか学ぶことである。

フォーカスミットを打つ事は大切だが、フォーカスミットは打ち返して来ない。スパーリングによって、動く標的をどのように打ち、正確に当てるかを学ぶ必要がある。また、どのように自分が打たれ、カウンターをもらうのかという事も学ぶ必要がある。ブルース自身が指摘している通り、戦い方を学ぶ唯一の方法とは、戦う事である。

『泳ぎ方を学ぶ一番良い方法は、実際に水の中に入って泳ぐ事だ。同様にジークンドーを学ぶ一番良い方法はスパーリングをすることだ。唯一、フリー・スパーリングの中でのみ、練習生はブロークン・リズムや的確なタイミング、正しい距離の判断を学び始めるのだ』（注2）

これら時間と距離の要素への強調は、フェンシングとボクシングの文献の中で繰り返し見ることができる。これらの変化への熟練とは、陸上での水泳の真似と水中に飛び込む事との差である。

〝ストレート・リードはジークンドーの核である。〟

ストレート・リードが、ジークンドーの核であるという主張からこの本は始まった。その理由については、前章のストレート・リードについてのアドバンテージの説明から容易に知ることができる。

この章では、リードハンドの戦術的な使い方について述べる。

ブルースがリードハンドを強調したのはボクシングから来ているが、そこではリードパンチが〝中心的テーマ〟になっている。（注3）他のすべてのテクニックは、ストレート・リードによってセットアップされ、あるいはストレート・リードに付随して使われる。

そして本書でも多くの紙数を割いたスタンスは、特にストレート・リードを打ち出すためにセットアップされたものだ。

〝格闘技の本質とは正しい時に動く技術である。(注4)〟

戦術的な変化する要素

格闘家が動きの中で時間を意識する方法は、演奏家が演奏の中で時間を意識する方法に似ている。ビートに乗る事も出来るし、ビートから遅れたり、短縮することも出来る。スタッカートか、あるいはレガートか。リズムに乗るか乗らないかも選択できる。テンポをアダージョ（遅く）からアレグロ（速く）に変化させても良い。時間の要素には、さらに強弱のバリエーションを加えることができる。そう、ピアニッシモ（とても弱く）、メゾフォルテ（やや強く）、あるいはフォルティッシモ（とても強く）といった具合に。

戦いには、これに類似した変化する要素がある。スタッカート（一音ずつ短く区切って）で演奏する音符と、レガート（滑らかに）で演奏する音符の違いは、一瞬触れる程度の時間で標的を僅かに貫通させるスナッピーなパンチと、標的に深く貫通する遅いパワーパンチの違いである。

パンチを放ってから一時停止して、動かないことを選択し、リズムをやり過ごして、その後に別のパンチを放つこともできる。

テンポは、マーシャルアーツ、特にフェンシングにおいてはケイデンス（調子）として引用されるものだ。そして強弱は音量の代わりに激しさの変化として考えられている。ピアニッシモとフォルティッシモの違いは、探りのジャブとしっかり打ち込んだジャブの違いと考えられる。

そしてもちろん、これらの変化する要素を組み合わせる事ができる。スタッカートとフォルテで演奏するように、パンチを打ったりできる。もしくはアダージョとピアニッシモ、レガートとフォルティッシモというようにも組み合わせられる。要は1つのパンチを非常に多くのやり方で打つことができるという事だ。そうすることで相手をずっと困惑させておくのだ。

パンチの深さ

先ほどは、パンチの深さの変化という主題に少しだけ触れた。ブルースは〝ショートパンチ〟対〝ロングパンチ〟として、これに言及している。(注5)

ショートパンチは素早く打ち出されるが、標的をぎりぎり触るか、わずかに貫通するだけだ。ロングパンチはもっと遅いが、標的をより遠くまで突き抜ける力強いパンチである。

パンチの深さをコントロールできれば、これもまた相手を困惑させ、相手のリズムを崩すことにつながる。もし一連のショートパンチを放った後にロングパンチを放てば、相手は予測を裏切られることになる。その逆も可能だ。一連のロングパンチで相手のバランスを崩し、ショートパンチでリズムを狂わせるのだ。(注6)

放つすべてのパンチが、同じ強さや深さであるべきでない。このことに気付くことが重要である。強弱や長短を混ぜ合わせれば、武器庫により多くの道具を加えることになる。

ショートパンチは、ロングパンチより遥かに速い。もし、敵を突き刺せる速いショートのストレート・リードと、相手を完全にノックダウンできるが外すかもしれないパンチの、どちらかを選べと問われれば、私は素早く突き刺すパンチを取る。

深さのコントロールは、フォーカスミットやサンドバックで練習できる。様々な深さで打つ練習をするのだ。標的を完全に打ち抜くように、できるだけ力強く打ってみる。それから標的をかろうじて触れるぐらいに打つ。または標的に当たらないうちに手を引く。コントロールとは、そういうことだ。

ここで注意するべき事柄の一つは、多くの人が深さと力を、スピードと取り違えていることだ。標的にぎりぎり触れるように求めると、〝軽く〟当てるものだと考えて、スピードまで落としてしまう。そうではないのだ。もしダメージを与えたいのなら、どのパンチも同じスピードで打つべきだ。(ここでは探りのジャブについては話していない。)

思い出して欲しい。力は質量×加速度なのだ。スピードは落としてはならない。

パンチの深さを変化させるもう一つの目的は、相手との距離を埋めることだ。

一連のショートのストレート・リードを放つ事により、相手を守勢に立たせ、同時に接近することができる。たとえ相手に届かなかったとしても、ロングのリード・ストレートや他の武器で追い打ちをかけられる程度には充分に接近しているはずだ。(注7)

タイミング

ブロークン・リズム

ショートとロングのパンチの導入はタイミングとブロークン・リズムの主題に上手く続いていく。これもまた、フェンシングの戦術から来たものである。同じ標的に対し、リードハンドで同じ深さとスピードの一連のパンチを打ち出すことで、リズムを定着させるという考えに基づいている。

そこには同じリズムを繰り返すことで一種のトランス状態（無意識的な忘我状態）に落ちてしまう人間の特性が関与してくる。（注8）

ブルースは、このトランス状態について、またそれが戦いにどのように関係するのかを記している。

『脚へのスローなフェイント、そして連続したスローな間合いの出入りは、敵を〝寝かしつける〟ことに使うことができる。最後の単純な動き（攻撃）は最大のスピードで突然爆発させ、多くの場合に敵の不意を突く』（注9）

ジークンドーにおけるブロークン・リズムの原理は、ジュリオ・マルティネス・カステロが書く、フェンシングの記事にその原点を見出すことができる。

『タイミングは、攻撃かパリーの適切な瞬間を選択することで成り立つ。この適切な瞬間は、普通見つけるより、作り出すものだ。攻撃の動作と剣の防御は互いにほとんど同じリズムの中で行われ、攻撃側がわずかに有利ではあるが、それは相手を上回るスピードに裏打ちされてこそ成功する。しかしながら、リズムが壊れた時には、リズムを壊した側が攻撃やカウンター攻撃を成功するためにスピードはもはや第一番目の要素では無くなっている。もし、リズムがはっきりと確立されると、ひと続きの動作を続けてしまう傾向に陥る。別の言い方をすれば、双方共に、ひと続きの動作を続けるように〝自動機械化《モーターセット》〟されてまうのだ。わずかな躊躇あるいは予想外の動作によって、このリズムを断ち切れる者は、抑えたスピードであっても攻撃やカウンター攻撃を決めることが出来る』（注10）

カステロは、ブロークン・リズムを使い、相手に適切なタイミングで攻撃を仕掛ければ、特別速く動かなくても効果的であると指摘している。

同様に、ドリスコルは、適切なタイミングで打たれるストレート・リードは、特に相手がこちらに向かって来る時、見た目にはほとんど力を入れないように見える動きで、相手を倒してしまうだろうと記している。特に相手がこちらに向かってきた場合は、相手はこちらの力だけで打たれるのではなく、自らの進んで来る自分の力にも打たれるのである。（注11）

非の打ち所のないタイミングは、教育された賢いファイターの証拠であり、ある程度まではタイミング

によってスピードや体格差を埋め合わせることができる。（注12）

トランス状態とはいわゆる〝催眠状態〟もしくは〝自動機械化《モーター・セット》〟された状態の事だ。敵を一種の気の抜けた状態に引き込み、そして突然、出し抜けにヒットするのだ。

ゆっくりとしたリズムで前進し、そして続け様にクイックに前進で攻撃する。あるいは後退の動きでセットアップして、突如、前進に切り換え相手をインターセプトする事もできる。これが、次のストップ・ヒットという話題に繋がる。

ストップ・ヒット

相手との距離を埋めるには実に2つの方法しかない。相手に向かっていくか、相手が自分に向かって来るかである。

ストップ・ヒットの場合、相手が向かって来る場合に主に用いられ、この場合、相手が距離を提供してくるとも言える。

既に〝防御的な攻撃〟について触れた。（注13）ストップ・ヒットも、折り紙付きの防御的な攻撃であり、しばし、相手の攻撃中にその攻撃を遮るのに使われる。

だが、先に述べたように、相手を自動機械化《モーター・セット》の状態にはめる事によっても、適用することが可能になる。

多くのジークンドーの鍵となる要素と同じように、ストップ・ヒットもまた、フェンシングにその起源がある。ストップ・ヒットに関して、ナディは次のように書いている。

『ここでフェンシングの基本教義の1つを初めて見ることになる。すなわち、静止状態からの最良の攻撃の瞬間は、相手が前進して来た時である』（注14）

ドリスコルは、フェンシングのストップ・ヒットと、ボクシングの戦術との間の類似点を早くに見出していた。（注15）ナディと同じく、ドリスコルは相手が攻撃しているとき、猛烈なラッシュを仕掛けている時に一番無防備で、良いタイミングとストレート・リードのストップ・ヒット、――彼が言うところの〝ストップ・ポリシー〟によって容易くあしらえる、としている。

『恐らく、最も効果的な防御的攻撃（この場合は左ストレート）である〝ストップ〟は、頑固なラッシュや、しつこい攻撃を仕掛けてくる相手に対して用いる。

こうした相手は、結局、ボクシングの世界では一番簡単に打ち破ることが出来る相手だ』（注16）なぜなら、一度、攻撃を始めるとなったら引き返すことはできない。（注17）攻撃中に後戻りしろというのは無理な相談なのだから。そして、この瞬間、相手は最も無防備な状態でもある。当然、正しいタイミングを取ることによって相手を如何様にも料理できる。

タイミングを合わせる3つの方法

注目すべきことに、相手にタイミングを合わせることのできる3つのポイントが確かに存在する。

最初は、相手が攻撃を仕掛ける前である。ブルースは、相手の準備状態への攻撃として、これに言及している。これは肉体的というより、より精神的な糸口である。相手が自分に向かって動き出さないうちに、攻撃するのである。相手が心の中で攻撃の準備をしているのが分かる時があるが、その瞬間、相手の防御は手薄になっているのだ。（注18）

2番目の攻撃法は、相手が攻撃している最中である。これがストップ・ヒットになりうる瞬間である。速く、真っ直ぐなリード・パンチであれば、たとえ相手より後に攻撃を開始したとしても、相手の攻撃に打ち勝つことができるだろう。

最後は、相手が攻撃を終え、腕を引っ込めている最中である。相手はまだ再攻撃にうつれる状態になく、ここを攻撃するのだ。そして、もし相手が構えに戻るのに時間がかかるようなら、それはさらに相手を捕らえる為の時間が増すことにつながる。

ステップ・イン、ステップ・アウト

ストップ・ヒットにおいて、相手を捕らえるためのもう一つの方法は、ステップ・イン～ステップ・アウトフェイントである。(注19)

先にゆっくり前に進み、それから素早く前進したり、または後ろに下がり突然前に出たりすることによって、リズムを組み立てることは既に話した。

ステップ・イン、ステップ・アウトには、互いに両方の要素が含まれている。例えば、相手に向かって前進、そして後退するステップのパターンを用いる場合、一旦、相手をそのパターンに慣れさせておいて、攻撃を仕掛ける際に、ステップ・インから、ステップ・アウトせずに、素早くもう一度ステップ・インして攻撃するのだ。

ハーフ・ビート

ブロークン・リズム、ストップ・ヒット、タイム・スラスト、ステップ・イン～ステップ・アウトフェイントだけではなく、その他の攻撃やカウンター攻撃はすべて、テッド・ウォン師父が言うところのハーフ・ビートのフット・ワークによって可能となる。繰り返しになるが、その起源はフェンシングの戦術にある。ナディは、ハーフ・ビートが、攻撃と防御にどのように結びつくか描写している。

『実際に、これらの〝逆説〟は、武器に関する技法と科学のすべてを構築している基礎である。戦いにおいて、フェンサーが攻撃と受け流しからの反撃という、オーソドックスなカウンター戦法見切りを付けて他の戦法をとる場合、フェンシングの〝音楽〟の中に、文字通り半拍入れることになる。一拍の概念とリズムに一時的に、半拍加える、あるいはその一拍の概念とリズムを一時的に消すのだ。

実際に強くなればなる程、またそのフェンサーが偉大であればある程、この半拍の重要性が増し、その結果を得ているのだ。チャンピオンが、攻撃と防御の急激な切り替えによって、より広い度合いで攻防を一体化させることに成功しているのは、まさに事実である。それは、どんなに優秀な審判でも、彼の意図と行動を正確に分析できなくさせるほどである』（注20）

既にフット・ワークの章で述べているが、前後の脚が着地することによって一拍となる。それが一つの全拍である。多くの格闘技はただ一拍子のビートのフット・ワークだけであり、柔軟性に欠けている。そうした武術の格闘家は、一旦、1つの動きのビートすべてが完了した後でしか、次の動きに移行できない。

しかし、ハーフ・ビートで、逆方向の動きと、防御から攻撃への転換をすることで、フェンシング選手は、より多くの攻防のバリエーションを持つことになる。それだけ、相手を欺いたり、リズムを乱したりする機会がより多くなるというものだ。相手を常に判断を下せない状態にしておくのだ。

もし、どんな方向にもハーフ・ビートで動くことができるようになれば、相手にとって予測不可能となり、さらに動きやすくなる。指数関数的に打撃の機会も増えるだろう。

精妙なフット・ワークを通じてのみ、ハーフ・ビートの優位性と恩恵を享受することができるのだ。

距離

適切な距離を維持することは、パンチを当てるのに重要な要素だ。フット・ワークの章を思い出して欲しい。当然のことながら、相手からあまりにも遠過ぎる位置にはいない方がいい。届かないからだ。

しかし、あまりにも近すぎるところにもいたくない。それでは、自らを窮地に立たせるだけでなく、レバレッジも失うことになる。

必要な事は、ヒットした時に常に3~4インチ、パンチを貫通させる事だ。それ以上でもそれ以下でもない。

実際の戦闘状況においては、動く標的を打つのはかなり難しい。少ないチャンスを活かしてストップ・

ヒットでカウンター攻撃する場面においては、それが顕著だ。

ここでストレート・リードの出番だ。先に述べたように、ストレート・パンチのコンビネーションは、相手を防戦一方に回らせ、自分は常に打撃の有効距離にいることができる。

それは、ロング、ショートのそれらのパンチをすべてコンビネーションで使うことができるということだ。ダブル・ジャブ、トリプル・ジャブ、これらのストレート・パンチは標的に対して変化をつけることができる。低いところを打ってから高く打つ。また、高めのダブル・ジャブから腰を落としたローなど。

＜図 92＞　時間と距離が有効な打撃が当たるチャンスを創り出す（リードで間合いを詰めてリア・クロス）

後で、ストレート・リードのバリエーションを一通りカバーするが、ストレート・リードのバリエーションを使う一つの見本として、バック・フィストからストレートを打ち、コーク・スクリューフックで締めくくるパターンがある。

ポイントはリード・ハンドだけで、非常にクリエイティブに成り得るということだ。相手に対し独自の方法を取ることができる。これはいかにして間合いを埋めるかという事だ。また、リード・ハンドのコンビネーションは、リア・ハンドのコンビネーションよりかなり速い。これは、前手の位置的な有利性であり、リア・ハンドを打つには基本スタンスからより大きく動く必要があるためだ。基本スタンスからのより大きく変化してしまうことは、リカバリーやコンビネーションに時間がかかるのだ。写真92参照。

5つの攻撃方法

これまでに、ストレート・リードの道具箱の中に幾つかの新しいツールを加えた。つまり、ブロークン・リズム、ショート・パンチ、ロング・パンチ、ハーフ・ビート、ステップ・イン～ステップ・アウトのフェイント、ストップ・ヒット、タイミング、距離だ。

もし、ブルース・リーの書き残したものに精通している人なら、既に5つの攻撃法を知っているだろう。ここでは、それらの新しい道具について1つずつ要約して説明する。5つの攻撃について、さらに多くの情報を求めるなら、〝Tao of Jeet kune Do〟を調べられたい。

SAA＝シンプル・アングル・アタック（単一角度攻撃）

Simple Angle Attack（単一角度攻撃）は、1つの動きによる攻撃である。キックや他のパンチもまた

SAA（Simple Angle Attack）として使われるだろうが、多くの場合、それはストレート・リードによる攻撃である。これは一撃で決める攻撃だが、それだけに最も難しい攻撃方法である。

正確な距離と、タイミング、稲妻のようなスピードが要求される。そして、このシンプル・アングル・アタック（単純角度の攻撃）を遂行するには最適なポジションにいなければならない。この攻撃は、常にフット・ワークをもって完成されるのだ。（注21、22）

ABC＝アタック・バイ・コンビネーション（複合的攻撃）

その名前通りの攻撃方法だ。フィニッシング・ブロー（最後の決め手）に至るまでの道を切り開くために、複数のラインでパンチのコンビネーションが放たれる。（注23）たいてい、そのようなコンビネーションは、ストレートパンチが先行する。（写真93から96参照）

ここにいくつか見本がある。

・右ストレート／左クロス／右フック
・右ストレート／右ストレート／コークスクリュー・フック
・右ストレート／左アッパーカット／右フック
・右ストレート・ドロップ・シフト／頭部への右フック
・右ストレート／低めの右フック／高めの右フック

＜図 93 ＞　ストレート・リードはコンビネーションをセットする上で、最もうってつけの方法だ

＜図 94 ＞　リア・クロスのストレートを続ける

＜図 95 ＞　そして、フック・キックへ

＜図 96 ＞　または、サイド・キックへ

さらにアイデアとして、タイミング的な要素とブロークン・リズムの要素を、これに加え始めることができる。さらにパンチの深さを変えたり、ショットの間にスタッターステップ（ぎくしゃくしたステップ）やポーズ（一瞬の停止）を入れたりすることで、わずか2、3のパンチだけでも、その発展性に終わりがない。タイミングを試すなら、ストレート・リードだけを3つ放ち、そのコンビネーションをタイミングや深さだけを変えて試してみることもできる。例えば、こんな風に。

・ショート／ショート／ロング
・ショート／ロング／ショート
・ロング／ショート／ショート
・ロング／ロング／ショート
・ロング／ロング／ロング
・ロング／ショート／ロング
・ショート／ショート／ポーズ／ロング
・ロング／ポーズ／ショート／ショート
・ショート／ポーズ／ロング／ロング

コンビネーションには終わりがない。ただ、相手を困惑させるのに、多くの技術が必要なのではないことを、常に念頭においてほしい。引き出しの中にどれだけ多くの道具を入れているかではなく、それらの道具で何ができるかだ。繰り返しになるが、わずかの技術でも、その隅々までを知っていることは、技術のカタログ全体を表面的に知っているだけよりも、望ましいことなのだ。

PIA＝プログレッシブ・インダイレクト・アタック（漸進的間接攻撃）

漸進的間接攻撃は、しばし欺瞞による攻撃と考えられることもある。なぜなら、フェイントやフェイクで始まるような、間接的な行動によって攻撃を組み立てるからである。

PIA（Progressive Indirect Attack）の目的は、一撃では捕らえられない相手に対して、そのギャップを埋めること（訳注：間合いを詰めるということ）である。

パンチの深さを変えることも、PIAの一つの例である。相手に届かないことを承知でショートパンチを2度打つことで、ギャップを埋めることになる。こうすることで（相手の距離感を狂わせておいて）、間合いに入り込むことが可能となり、攻撃を食らわせることができる。それゆえ、漸進（Progressive）ということだ。ギャップを埋めることとは、相手を捕らえるためのステップの進行のことなのだ。

フェイントやフェイクや、見せかけのジャブは、相手の注意を引くことになり、打撃の有効距離に入り込むことが可能になる。このことは後でまた論じることになるが、PIAに弱いストレート・リードは使えないということを覚えておいてほしい。もし相手に、こちらのストレート・リードが弱々しいものだと思われてしまえば、フェイントやフェイクに引っ掛からないだろう。あなたのリード・ハンドが、ただの見せかけで脅威ではないと相手に思われてしまえば、あなたは動くたびにカウンターの餌食になるだろう。

ＡＢＤ＝アタック・バイ・ドローイング（引き寄せての攻撃）

引き寄せての攻撃は、実際には二次的な攻撃となる。相手を罠にはめたり、おびき寄せて攻撃を誘う。そうする事でカウンターを打つ事ができる。

通常はストップ・ヒットを使う。相手が攻撃に集中している瞬間は、最も弱点を顕わにしているのだ。どんな攻撃の動作でも、心理的には防御について考えておらず、肉体的にはどこか隙のある状態になる。攻撃動作の最中というのは、方向を変えることが困難で、危険な状態であることを覚えておいてほしい。

ＡＢＤの最も優れたところは、相手の動きを誘導することで、容易にその攻撃を予測でき、安全にカウンターを食らわせることができることだ。

ＡＢＤは、距離とタイミングによって成立している。自ら故意に隙を作り、弱点を曝け出すことで、相手が何をするか予測する事ができる。相手に対し特定の場所に隙を見せることによって、相手は他の攻撃法を自ら捨ててしまっていて、実質的にこちらが相手の攻撃をコントロールしている状態だ。

繰り返すと、ＡＢＤの成功の鍵は、距離とタイミングだ。獲物を安全におびき寄せられる場所をさぐりながら、適切な距離を確保しなければならない。そして相手が先手を仕掛けてきたならば、タイミングを合わせなければならない。

ハーフ・ビートやストップ・ヒット、ステップ・イン〜ステップ・アウトのフェイントは、すべてＡＢＤを実行する為の道具となる。ストレート・リードの多様性について論じれば、リード・ハンドがどのような位置にあるとき、相手をおびき寄せることができるかについてもまた理解できるはずだ。

HIA＝ハンド・イモビライゼイション・アタック（手を固定する攻撃）

「手を固定してしまう」とは、トラッピングによって相手の動きを封じ込めることだ。これは、ジークンドーにおいて最後に残された、わずかな詠春拳の一部であるが、他の攻撃に比べると使われる頻度は少ない。

ジークンドーにおいては、他のすべての技術と同じく、有効的に用いるためにトラッピング技術を単純化しておかなければならない。トラッピングについてを語ることは、この本の範疇を超えてはいるが、心に留めておいてもらいたいことがある。それは、いかなるトラッピング技術を使うにせよ、適切なフットワークを伴わなければならないことである。これが、（ジュン・ファン・ジークンドーの）トラッピング技術が、他の流派のトラッピング技術と距離を置くゆえんである。（注24）

初めに論じたことを思い出してほしい。ジークンドーの発展の後期において、ブルースは多くの伝統的な格闘の要素は、実際の戦いでは効果的でないと結論付けている。それは、トラッピング然りである。そうした伝統技法の本質的な欠点が、ブルースをジークンドーの開発へと駆り立てた。

例えば、詠春拳ではお互いに腕を付け合わせて構える。このシステムは、腕の接触感覚をベースとしている。しかし実際の状況で、誰が手を合わせて構えてくれるだろうか。相手に組みやすいように、手を置いたままにすることなどありえない。もし、相手がそのゲームに付き合う気が無ければ、一巻の終わりだ。

ブルースは〝燃えよドラゴン〟でのボブ・ウォールとの格闘シーンの中で、伝統スタイルについて映像で主張している。そのシーンでは、始めは腕と腕を合わせて伝統的なポジションで相対しているが、次にブルースは何をしたのか？　バン！　彼は無駄に多いブロックの動きや不必要な動作の代わりに、ストレート・リードを放ち、ボブを2度打ったのだ。直接的な攻撃を打ち出せるときに、どうして時間を無駄にする必要があるのだろうか？

お互いが構えた接近戦から、二人が戦いはじめたことは間違いないが、そのゲームの中でも相手のトラップに付き合うことなく相手を打つことができることを、ブルースは示しているのだ。（トラッピングを）ゲームとして行うのなら、いくつかのシンプルは技術は有効であるが、実際に打つのであれば、ストレート・リードの方が素早く事を済ませられるというものだ。

もちろん、ナディが強調しているように、最もシンプル且つ最も直接的な攻撃を遂行するには、圧倒的なスピードが要求される。そして、このことが、ブルースに詠春拳を捨てるという最終的な結論に立たせたのである。先の〝燃えよドラゴン〟のシーンでは、ブルースは信じられないほど速さで動いており、それは動きを本当に正しく認識するために、ひとコマひとコマをよく見なければならないほどである。

ストレート・リードは、一見してたやすく見える。しかし、そのスピードとパワーを得るためのマッスル・メモリー、アライメント、フットワーク、それらのメカニクスの養成には何年もかかるのだ。

その技術を磨き上げるには年月がかかり、そしてそのほとんどの部分は、訓練されてない者の目には窺い知ることさえ不可能なのだ。（写真97から99参照）

＜図97＞　トラッピング・ゲームで私がフィンガー・ジャブを放ち相手にブロックされる

＜図98＞　ブロックされている間に、すぐ彼の腕をトラップしストレート・リードを放つ

＜図99＞　たとえ近い場所でも、フットワークを使ってギャップを埋めて、的確なパンチを放つ。この時アライメントとメカニクスは通常のストレート・リードと同じだ。唯一つ違うことは距離を埋めることである。それは後ろ足によって調整される

速く打つ、強く打つ、何度も打つ

5つの攻撃方法は、相手に直接的にストレート・リードの威力を示せない場合、使いづらいこととなる。それらを有効に使用するためには、相手にあなたのリード・ハンドが、危険で脅威であると解からせて、警戒させる必要がある。そして、あなた自身を認めさせるのだ。

初っぱなからレイピアのようなストレート・リードを2、3回〝発砲〟する。これで、こちらがいつでも打てる事を一旦相手に悟らせられれば、相手は距離を取ることに集中できなくなる。そして、後は簡単だ。その瞬間から、こちらが動くたびに、相手は反応し、しり込みさえする。フェイントでもかけようものなら、相手はそれに容易くはまる。ショート・ジャブを打てば、もっと強いブローが来ると勘違いしてバランスを崩し、その後もこちらが畳みかけるいかなるパンチにも、相手はいい鴨になる。

しかし、このアドバンテージを取れるのは、強いリードパンチが打てる場合のみだ。だからこそ、パンチのメカニズムを把握することは重要なのだ。（正しいメカニズムで）力を発生させ、それを相手側に感じさせるのだ。

デンプシーが書くところによれば、デンプシーは及び腰の軽いリード・ジャブは、リングではほとんど価値がないと書いている。

『軽いタップ、あるいは全力のパンチを繰り出すために左拳を伸ばす度に、カウンターパンチを受けるかもしれないというギャンブルに晒される。タップやスラップだけを相手に防御している人間は

強打を浴びる人間よりもカウンターに警戒している』（注25）

だからこそストレート・リードを爆発的な物としたい。

ドリスコルは、ストレートに関して似たような理論を持っている。それは戦略的に使われる以前に技術的に確実にダメージを与えるものでなければならない、ということだ。

『直線的である事におかまいなし、あるいは頻繁に打ち込まないのなら、左のパンチは攻撃としてほとんど価値が無い。そして、攻撃を妨害したり、攻撃をほぼ止めたりする能力が無ければ、防御においても絶対に使えない。私は、かのフィッシャー提督が定めた全ての海戦でも従うべき戦法と、同じアドバイスをボクサー達に与えるだろう。つまり、（実質的に）常に、最初に、強く、そして何度でも、そして常に真っ直ぐに打て、と』（注26）

ＰＩＡ（斬新的間接攻撃）や、確実な直接的単一攻撃は唯一、絶対的なリード・ハンドで可能になるのだ。（注27）

単純さの逆説

タイミングと距離、そしてそのさらに進んだ概念について、これまで論じてきた。しかし、ブルースが単純さ《シンプル》を強調していたことを繰り返しておきたい。

なぜこんなことをいうのかと言えば、今は応用について語っているからだ。実際の戦いの状況に置かれた時、抽象的な単純な概念は明白に具体的になる。

私自身は、スパーリングを始めるまではストレート・リードを真に理解することはできなかった。スパーリングの経験が、そのデザイン、メカニズム、そして、それらがどのように本能的使用に役立つのかが、突如、完璧に理解できたのだ。

ブルースはこう書き残している。

『生徒がスパーリングを始めると、技術の収集を追い求めることをやめる。それよりもむしろ、単純な技を正しく行うための練習に時間を充てるようになる』(注28)

今、私はこの言葉を理解できている。

終わりなき技術の収集に固執する、名ばかりのジークンドー実践者に対して私は、彼らはスパーリングすることがないのだろうと思うほかない。白熱した戦いの中では考えている暇はない。攻撃するために多くの手順が必要になら、それだけ無駄に考える時間が増えるだけだ。また、より派手な攻撃は、余分な動きをつくり、それだけ時間を無駄にする。

ブルースによれば、単純さは無敵の攻撃を生む。

『適切なタイミングで繰り出される単純な攻撃を止めるための効果的な方法はない。そして常に覚えておきたいのは、攻撃においても、防御においても、最高の技術は適切に行われる単純な技術である』（注29）

良質の単純な攻撃を止める方法はない。そしてストレート・リードの一撃で相手をヒットする以上に単純な攻撃は無いのだ。（写真１００参照）

＜図100＞　これより単純な攻撃は他にない。相手が攻撃に移るときに、完璧なタイミングでのストレートを放つことは、完璧な防御と完璧な攻撃の一致だ

もちろん、皮肉なことに、その最も単純な攻撃は、最も習得するのが難しい。

ナディが書いているように

「すべての攻撃の中で最も単純なものは、ストレート・スラスト（ストレートを突き刺すこと）だ。その単純さゆえに、これは戦闘の中で遂行するのが最も難しい攻撃だ。成功するには、完璧なタイミングと正確な距離、強烈なスピードが要求される」（注30）

これは単純さの逆説であるが、攻撃がより単純になれば、タイミングと距離の要素がより決定的となる。

そして既に見てきたように、不可欠なスピードの達成は、最大限の効率性が要求され、優れたフォームと正確なメカニズムによる。

これがブルース・リーが〝日々の減少〟と言った時に意味したところだ。その目的は、複雑な技術の存在や新たなものを加えていく事ではない。真の熟達とはたゆまぬ洗練の過程である。そして技術的な完成に近付いた時、純然たる単純さに近付くのだ。

Notes

1　テッド・ウォンとの会話 , March 18, 2004.

2　Bruce Lee, ed. John Little, *Jeet Kune Do: Bruce Lee's Commentaries on the Martial Way* (Boston: Tuttle Publishing, 1997), p.25.

3　同上 ., p. 207.

4　同上 ., p. 249.

5　同上 ., p. 115. ブルースはフェイントのフォームとしてパンチの深さを変えることについて語っている。: 最初の動き（フェイント）はパリーを引き付けるために長く深くあるべきである。（突き刺すという意味で）２番目の本当の動き（攻撃）は防御するものに回復する可能性を与えない程早く、決定的なものでなければならない。長と短、二つの攻撃の供給でさえ、最初のフェイントの深さは敵が防御に動けないほど力強くなければならない。長長短と。

6　テッド・ウォンとの会話 . June 18, 2004.

7　Lee, ed. John Little, *Jeet Kune Do: Bruce Lee's Commentaries on the Martial Way*, p. 99.

8　Simon Frith, Performing Rites: On the Value of Popular Music (Cambridge, MA: Harvard University Press, 1996), pp. 145-157. Frith reviews some fascinating theories on rhythm and human nature:
サティの概念である家具の音楽（ブライアン・エノのアイデアである空港のための音楽）では、ぱっと見るよりももっと複雑である。そこには文化と本質の双方（椅子、何気ない会話、熱や光)、音楽の形そのものと、効果的で肉体的な必要、独立した肉体は、ある種執拗な音速の流れに吸い込まれていくという提言がある。ここでの視覚的な時間は、肉体的な経験、物質性に対する不相違（最小限の作者である西洋宗教の作者はその興味を宣言している。）として描写される。そして、マーティンはリズムの規則性がダンス・ミュージックにおいても正確には同じ効果を持つという逆説を記している。
; 彼が主張するには、ディスコが麻薬の様に作用し、繰り返される音楽的体験を通して孤立化を招き、聞く者や踊る者を目的も欲望もまったくない宇宙の泡に浮かばせて置き去りにするのである。

9 Lee, ed. John Little, *Jeet Kune Do: Bruce Lee's Commentaries on the Martial Way*, p. 107.

10 Julio Martinez Castello, *The Theory and Practice of Fencing* (New York: Charles Scribner's Sons, 1933), pp. 56-57.

このカステロの文章の引用が、*"Bruce Lee, Tao of Jeet Kune Do (Santa Clarita, CA, Ohara Publications, Inc., 1975)"* の 62 ページに見られる。

11 Jim Driscoll, *The Straight Left and How To Cultivate It* (London: Athletic Publications, Ltd.), pp. 57-58.

12 Lee, ed. John Little, *Jeet Kune Do: Bruce Lee's Commentaries on the Martial Way*, p. 99.

13 同上 ., p. 65.

14 Aldo Nadi, *On Fencing*, (Bangor, ME: Laureate Press, 1994), p. 88. Similarly, in Lee, ed. John Little, *Jeet Kune Do: Bruce Lee's Commentaries on the Martial Way*, p. 187,

ブルースの書くところによると"静からの攻撃の最高の瞬間は敵が先に動いた時"なのだ。

15 Driscoll, *The Straight Left and How To Cultivate It*, p. 56.

16 同上 ., pp. 64-65.

17 Lee, ed. John Little, *Jeet Kune Do: Bruce Lee's Commentaries on the Martial Way*, p. 105.

ブルースは、人は攻撃と防御に対して同時に注意を払うことはできないことを論じている。

18 同上 ., p. 100.

19 同上 ., 249.

20 Nadi, *On Fencing*, p. 183.

21 同上 ., p. 89.

22　Lee, *Tao of Jeet Kune Do*, p. 194.

23　同上., p. 197.

24　テッド・ウォンとの会話, June 8, 2004.

25　Jack Dempsey, *Championship Fighting: Explosive Punching and Aggressive Defence* (New York: Prentice Hall, Inc., 1950), p. 51.

26　Driscoll, *The Straight Left and How To Cultivate It*, p. 80.

27　Lee, ed. John Little, *Jeet Kune Do: Bruce Lee's Commentaries on the Martial Way*, p. 213. ブルースは"右のリードがいかなる手を使った闘いにおいても先手となる"ことに言及している。

28　John R. Little, *Bruce Lee: A Warrior's Journey* (Chicago: Contemporary Books, 2001), p. 115.

29　Lee, ed. John Little, *Jeet Kune Do: Bruce Lee's Commentaries on the Martial Way*, p. 66.

30　Nadi, *On Fencing*, p. 89.

CHAPTER 8 スピード

ナディによれば、〝すべての攻撃、特に1つに集約された攻撃は、その行動が単純であるほど、剣と体の両面でスピードが速くなければならない。そのため、体の始動速度は、行動の単純さや複雑さに直接比例するべきなのだ〃（注1）という。

先の章で強調したように、ストレート・リードは——さらに厳密に言えば単一直接攻撃は——、最も単純であり、それ故にすべての攻撃の中で最も難しいのである。その単純性が逆説的ではあるが、その攻撃を最高の技術レベルを要求するものにしている。

そしてスピードは、最も重要な要素だ。故に、スピードというテーマは、それ自体で小さな章を割くのに値するものだ。

ブルース・リーは、スピードの主な二つの構成要素は、認識と反応であると書いている。そしてブルースは、それをさらに5つの要素に分けた。知覚、心理、始動、実行、変更の5つである。（注2）

知覚速度（パーセプチュアル・スピード）

これは本来、相手の動きや打撃のチャンスを、どれだけ速く認識できるかというものである。聴覚もたまに役立ってはいるが、殆どは視覚によるものである。

知覚スピードとは、相手の攻撃を素早く避けるために、どれだけ速く見たり認識したりできるか、もしくは打ち込むのに有利な隙を、どれだけ速く見極めることができるか、という事である。

テッド・ウォン師父は、ブルースが知覚能力を発達させるために、周りの人達をただじっと見ていたと言っている。彼らがどうやって走るか、どうやって歩くか、どうやって腕を振るか、どうやってフォークを持つかでさえ。知覚速度のトレーニングとは、物を素早く見るトレーニングである。（注3）

視覚認識は、ある程度までは、その遅さを補うことが出来、さらに良い知らせとしては、それが養えるものである事だ。（注4）

一つの役立つヒントは、標的のどの場所にも意識を集中させないことだ。敵の目をずっと見ていろという神話が、いったいどこから来たのか定かではないが、敵はその目で打ってくるわけではないのだ。

相手の目を、多分、チラッと見る事はあるかもしれないが、それよりも周辺視野を使い、敵全体の位置感覚を捕らえるようにする。どこの一点にも集中することなく、頭からつま先まで敵を捕らえるのだ。

ブルース・リーはこう書いている。

〝より広い範囲に注意を拡散させる習慣は、攻撃の送り手にとって、素早く隙を見つけるのに役立つ〟（注5）

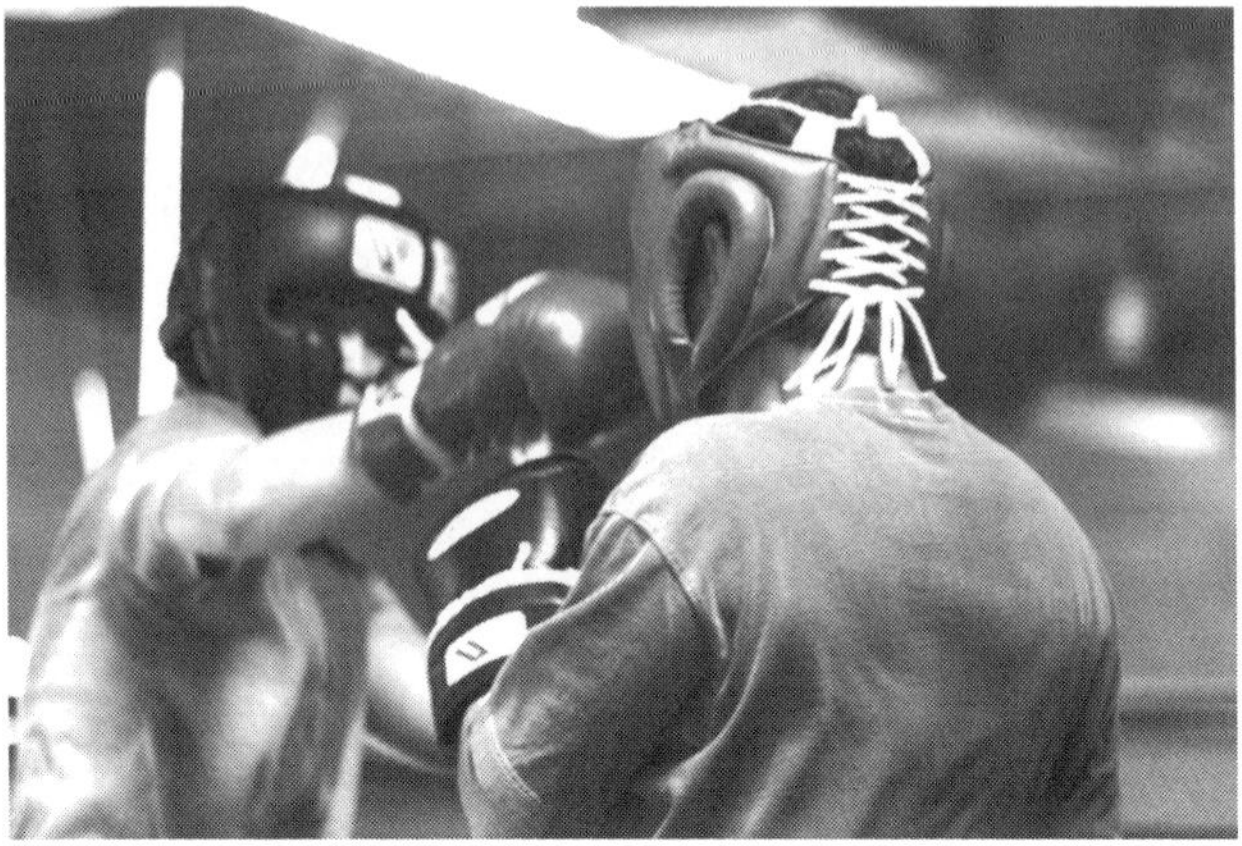

＜図 101 ＞　パンチが単純であるほど、要求されるスピードも速くなる

そうすることによって、キックとパンチの双方、そしてそれらが左右どちらの側から出されても、見破れるだろう。

肩のピクリとした小さな動き、小さなワインド・アップ。最小の動きを探知するために目を鍛えよう。そうすれば、先んじて効率的に敵にカウンターを喰らわせることができるだろう。

心理的速度（メンタル・スピード）

テッド・ウォン氏が信じるところによれば、スピードを決める要素の70％を心理的なものが占め、残り30％が肉体的な要素であるという。心理的な速さとは〝Tao of Jeet Kune Do〟によれば、頭脳が特定の動きを選択する早さである。（注6）

しかし皮肉なことに、本当の最高のスピードにおいては、心理的な努力は発揮されない。あるいは無意識の心理的努力と言うべきか。どの格闘技においても最高の段階は、〝無心の状態〟である。

これに到達するために、いくつか押さえて置かなければならないことがある。まず、武器庫は最小限にすること。前の章で述べたように、武器の選択肢が少ないほど選ぶのも速くなるのだ。幾つかの最も有効な武器を手に取り、それを単純なままに保つのだ。

ストレート・リードまたはストレート・スラストは、ドリスコルとナディが言ったように、最も単純な攻撃もしくはカウンターである。適切に学べば、その単純さがそれらの本能的な使用に手を貸すのだ。


『知覚スピードは、観察する者の注意力の分配に影響を受ける。より少ない選択肢がより速い行動を生み出す。認識されるきっかけとなるものが、幾つものうちの一つであれば、その各々に違う反応が要求され、それだけ時間も長くかかる。〝選択的な反応は、単純な反応より時間がかかる〟。これは〝神経生理学的な調整〟という観点から、道具を〝本能的な反応〟になるよう訓練するための基盤である。本能的な動きは、最も単純であり、最も素早く、そして最も正確である』（注7）

神経系もまた訓練しなければならない。既に神経と筋肉のプログラミングについては話してきた。時間をかけて適切なプログラミングを行えば、フォーム、あるいは連動性と呼ぶものにも、さらには距離とタイミングでさえも考える必要のない状態に達することができる。体が知るようになるのだ。

これは、フォームとメカニクスに関係してくる。ブルースが書いているように〝多くの格闘家は、本当のスピードがどれだけ動作の効率性（優れたフォームと優れた動きの協調）に依存しているかを理解していない〟（注8）

スタンスそのものが、動作を起こす時の最善のスピードと、体勢の最小限の変化のためにデザインされている事を思い出して欲しい。これは、なぜパンチを真っ直ぐに打つかという理由でもある。標的までの距離が短くて済むため、必要な時間も短くなる。振り回すパンチはより長い距離を通ることとなり、それだけ時間もかかる。

一度、正しいスタンスに入ったら、動作の連動性とメカニクスを思い出してほしい。もしこれらのことを正しく実行できなければ、かなりのスピードを犠牲にすることになるだろう。

練習するときには、段階を飛び越したり、メカニクスを誤魔化したりしてはならない。それが神経系に間違ってプログラミングされてしまうからだ。自分を再プログラミングするには、最初に正しい技術を習得するのに比べて遥かに長い時間が必要となる。

ゆっくり進もう。正しく学んでいくことに時間をかければ、それは後々返ってくる。いつか、必要となったとき、その技術とスピードが軽く扱える様になり、考える必要すら無くなるだろう。

ブルースが〝燃えよドラゴン〟で言った言葉を思い出して欲しい。〝私が打つのではない。それ自身が打つのだ〟これは心理的なスピードがいかなるものかを定義付けている。

スピードに寄与する最も重要な要素の1つは、リラックスすることである。まず初めにリラックスしよう、MAXに！　肉体的にリラックスしていることは、技を使うのに必要無い筋肉の緊張から体を遠ざけてくれる。勝負を決めるチャンスに気づいた時に、もし筋肉が緊張していたならば、動く前に筋肉を解きほぐさなければならない。価値あるコンマ何秒、あるいは数秒も失うことになるだろう。

2番目に、精神的な緊張は頭を曇らせる。意識的に多くのことを考え過ぎるからだ。ストレート・リードが〝それ自身が打つ〟ためには、あなたは考えていてはいけない。

始動速度（イニシエイション・スピード）

始動速度とは、どれだけ素早く不動の状態から動き出すかである。スタンスはここで特に重要となる。なぜなら、ブルースによって定義されているように、始動スピードは〝正しい姿勢からの効率的なスタート〟が要求されるからだ（注9）

スピードについて考える時、大抵は外面的に見た目の速い何かを考える。しかし、本当にスピードを理解するには、もっと大きな視点からも見なければならない。例えば、速いストレート・リードを放つには、最初に左脚でプッシュ・オフしなければならないが、最大限の加速でプッシュ・オフするためには、正しいスタンスから開始しなければならない。

ボディ・フィールについての話を思い出して欲しい。再度言えば、これは目に見えない何かである。しかし、封じ込められている位置エネルギーをすべて感じる必要がある。両脚の内側に蓄えられているエネルギーを感じ取るのだ。左足のボール部に集中して。上半身が丸められ、腰部で素早く動く準備が出来ている事を感じるのだ。

これらはすべて始動スピードに関わるものであり、それらは正しく構成されたスタンスからのみ達成される。オンガード・ポジションを取った時、いつの瞬間でも稲妻を放つ準備が出来ている事を感じるのだ。

一旦、正確なスタンスの原理を掴み取ったならば、体がそれらを感じることができる。そして、他の格闘家のスタンスを見てみよう。彼らが行っていることは正しいか？　それとも間違っているか？　彼らは速いか？　遅いか？　正しいスタンスの感覚がどのようなものか分かれば、そういった物を見る眼も養われているのである。ある格闘家がどんな動きをするのか、そのスタンスを観察する事で的確に予測できるようになる。

実行速度（パフォーマンス・スピード）

パフォーマンス（実行）とは、実際の動作のことである。始動速度の大部分が内面的なものであるとすれば、遂行速度は実際に見ることのできる外面的な動きである。

言うまでもなく、遂行速度は、緻密なメカニクスと正しい連動性によって決まる。始動のプッシュ・オフから手の引き戻しに至るまで、すべてのステップは等しく重要である。壊れたレコードのように何度も繰り返して言うが、遂行速度は筋肉と神経のプログラミングによって開発されるのだ。言い換えれば、練習に継ぐ練習だ。他に筋肉と神経の道筋をプログラムする方法はない。

ところで遂行速度は、単発のストレート・リードにのみ適用されるだけでなく、コンビネーションにも適用される。効果的にコンビネーションを行うには、技から技へ滑らかに移っていかなければならない。これは、メカニクス、フットワーク、体重移動の協調に寄るところが大きい。

変化速度（オルタレーション・スピード）

変化速度とは、動きの途中で素早く方向を変える速さである。知っての通り、それはかなり難しいことである。一度パンチを打ち始めた途中でそのパンチを止めるのは、とてつもなく難しいか、さもなくば紛れもなく危険だ。これが格闘家が、カウンター攻撃の脅威にさらされる所以である。

変化速度はかなりの技術を要する。コンビネーションを放ったり、ブロークン・リズムやストップ・アンド・ゴー、ステップ・イン～ステップ・アウトフェイントのような、戦略的ツールを巧みに利用するには、それが必要となる。

スピードを変えたり、方向を変えたりすることは極めて高度な協調を要求する。余分な動きをすれば、スピードを落とすことになるからだ。大振りすれば、再度打ち込める状態に戻るまでの距離が長くなる。その他の種類のスピードと同様に、精密さと、とにかく効率性を考えなければならない。

Notes

1 Aldo Nadi, On Fencing, (Bangor, ME: Laureate Press, 1994), p. 151.

2 Bruce Lee, Tao of Jeet Kune Do (Santa Clarita, CA, Ohara Publications, Inc., 1975), pp. 56-59.

3 テッド・ウォンとの会話 , March 8, 2004.

4 Lee, Tao of Jeet Kune Do, p. 54.

筋肉が収縮する時は速筋繊維の遺伝的レベルの影響がその動きに関わってくる。ブルースはその遺伝の不足を視覚トレーニングにより補正できると信じていた。"反応もしくはパンチのスピードの遅い少年も、素早く見る事によってその遅れの埋め合わせを出来るだろう。

5 同上 ., p. 55.

6 同上 ., p. 57.

7 同上 ., p. 55.

8 同上 ., p. 57.

9 同上 ., p. 57.

CHAPTER 9 ストレート・リードのバリエーション

これまで、フォームとメカニクスの領域では、〝純粋なストレート・リード〟と呼べるものだけを扱ってきた。パワーを生み出す段階で妥協せずに、最速で打ち出されるストレート・リードだ。これはジークンドーのバックボーン、中枢であり、最もよく用いられるパンチである。

しかし、ある特定の状況においては、ストレート・リードのバリエーション（変種）を打つ方がより適している場合がある。それらのバリエーションの中には、コークスクリュー・フックやバックフィスト、そしてショベル・フックが含まれている。

もちろんジークンドーには、プレーヤーをサポートする役割として、フックやアッパーカット、そしてリア・クロスもある。しかし、前に言ったように、ジークンドーにはわずかなパンチしかない。事実、私はそれらすべてを既にリスト・アップしている。ストレート、クロス、フック、アッパーカット、バックフィスト、コークスクリュー、ショベル・フックである。

だが、単純さは見かけだけの話だ。純粋なストレートと純粋なフックの間には、両者の混合を含むパンチの切れ目のない連続性が横たわっている。この連続性について過度に詳細には触れないが、この概念は、ストレート・リードの最初のバリエーションであるコークスクリュー・フックを理解するのに役立つはずだ。

コークスクリュー・フック

純粋なストレート・リードの代わりに、コークスクリュー・フックを放った方が良い場面が2つある。1つ目は、標的が自分の左側へ回る（反時計回り）状況だ。相手が再び動く前に相手を打つには、相手に追いつくためにピボット・ステップを使わなければならない。

コークスクリュー・フックを打つには、通常のオンガード・ポジションから開始すること。打ち出しながら肘を上げ、手のひらを返す形になる。

覚えておいてほしいのは、標的が真っ直ぐ前にいる時にはこれはやらないという事だ。それはストレートを使う時なのだ。コークスクリューは標的が自分の左側にいる時に使われる。肘を上げることにより、標的とそこへ向かう下向きの軌道へ回転の力が加わる。

そして常に、常に、常にボトム・スリーナックルを標的に当てなければならない。

デンプシーの本にも書かれているピボット・ステップは、コークスクリューにとって重要だ。自分の左側に居る標的に自分の体重を向け直す必要があるからだ。常に腰部の側面を標的に向けておく。それは体

<図102、103、104 > コークスクリュー・フック。オン・ガードから、拳を打ち放ちながらピボット・ステップもしなければならない。インパクトの瞬間、掌は下を向き肘は上がる

重の大部分、体幹部を望む方向に向けていることを意味するからだ。（注１）（写真１０２から１０４参照）

自分から見て右周り（反時計回り）に角度を取っているので、パワーラインは変わる。従って実際には掌を下にして打つことになる。

サンド・バッグを利用して、試してみると良い。まずは、右に回り込みながら縦拳で放ってみよう。かなりやりにくさを感じるのではないだろうか？

それから右にピボットしながら、掌を下に向けてストレートを放ってみよう。掌を下に向けて、肘を上げて打つ事でかなりしっくりくるはずだ。これは掌を下に向けて打ち下ろす方が有利な例の一つであるが、相手に対しアングル（角度）を取り、正しい体の使い方で行うことに注意する。（注２）

繰り返しになるが、コークスクリューを使う一つ目の場面は、自分よりやや左の高い位置の標的を打つ状況だ。

もう一つの場面は、効果的なストレートを放つに

＜図 105、106 ＞　オン・ガード・ポジションからのコークスクリュー・フック。
コークスクリュー・フックのためのピボット・ステップとアングル・アップ

は標的が近過ぎる場合である。

純粋なストレート・リードは、相手を一撃で仕留めたり、相手との距離のギャップを埋めるのに使うロング・レンジのパンチである。その効果を発揮するには最適な距離から放たなければならない。もし標的に近すぎるとレバレッジを失い、強打の代わりに押すだけで終ってしまう。

そんな時に近距離でレバレッジを維持するために、コークスクリュー・フックを放つのだ。肘を上げることで〝アングル・アップ（角度を上げる）〟させる。この方法で、レバレッジを最大限に利用し、近すぎる距離の問題も回避する。（写真105、106参照）

さまざまな角度の〝アングルアップ〟があるが、最も極端な時は、ほとんどフックを放っているようなもので、そのコークスクリューは通常のスタンスの時より手が少し右側にある時に使われる。

その対極では、わずかなコークスクリューのひねりと共にほとんどストレートと同じように放たれる。コークスクリューは、ストレートからフックへの連続体の中間の辺りに置している。

＜図107、108、109＞　通常よりもやや変更されたスタンスからのバックフィスト。肘が外側にあり、普段と比べて体付近に密着していないことに注目して欲しい。そこから、腕が打ち放たれ、バックフィストのインパクトの瞬間へと至る

バックフィスト

相手が自分の左へ動いている時や、自分の手の位置が通常のスタンスより少し外側（右側）にある時にコークスクリューを使うとすれば、バックフィストは逆のアプローチで使う。つまり、自分の手が通常より左の位置にある時、もしくは相手が自分の右に居る時だ。

他のジークンドーのパンチと違い、バックフィストはボトム・スリーナックルの背の部分を当てる。（写真１０７から１０９参照）

外見が鞭のような簡単な動作であることから、バックフィストはジークンドーにおいて最も速いパンチだと思われているかもしれない。しかし、バックフィストでは純粋なストレート・リードのようなパワーは得られない。このアングルからでは手を真っ直ぐ打ち出す時ほどの力を生み出すことは出来ないのだ。それでも、速く、鋭いバックフィストは、確かに相手にダメージを与えることができる。

フィンガー・ジャブは、バッグフィストの動作の中に組み入れられる。バックフィストの動作で打ち始めて、通常のストレート・リードと同じ部分（ボトム・スリーナックルの前面）を当てる事により、このパンチもストレート・リードと混ぜ合わせる事ができる。

また、バックフィストでのフット・ワークは、通常のストレート・リードと同じである。

ショベル・フック

ショベル・フックによって、低いラインへストレートを放つことができる。このフックはアッパーカットの親戚だといえる。

通常、右に体を振りつつ、かがみこんだ時に、ショベル・フックを打つポジションに入る。この動きはしばし相手のパンチからの回避運動と同時に行われる。ゆえに、ショベル・フックはカウンター攻撃としても使われる。レギュラースタンスから低く右側に身体を振り込んだ時に、手は自動的に掌を上に向けたポジションを取る。そこから掌を上に向けたまま、シンプルにリードハンドを打ち出すのだ。

繰り返すが、ボトム・スリーナックルを当てること。そして、すべてのジークンドーのパンチと同様に、腰部の右側が標的に向くように腰部を回転させなければならない。（写真110から113参照）

ショベル・フックを打ち易く、また腰部の回転を最大限に生かす為にも通常はピボットステップを使う。

ショベル・フックは、特にみぞおちや腎臓への一撃として有効だ。

＜図110＞　ショベル・フックを横から見たところ。前の手は、腕の延長が直線またはストレート・パンチになるように配置される

＜図111＞　アッパーカットを横から見たところ。この場合の手の位置はアッパーカットを垂直なパンチにしている。ストレート・パンチではない

〈図112〉　アッパーカットのインパクトの瞬間を正面から見たところ。ストレート・パンチではないのが分かる

〈図113〉　ショベル・フックのインパクトの瞬間を正面から見たところ。ストレート・リードの変種であることがわかる

＜図114、115＞　ドロップ・シフトを横から見たところと、正面から見たところ

ドロップ・シフト

ドロップ・シフトは、もう1つのローライン・バージョン（低軌道版）のストレートである。これは、意外性があり、相手の不意を衝ける攻撃方法である。ドロップ・シフトで低い場所を打ち、次に高い場所を打つ。逆も同様に出来る。

ドロップ・シフトは、より安全な攻撃方法のうちの1つである。高さとアングルの両方を変えることができるからだ。敵はカウンターを打つのに厳しい状況となる。（写真114、115参照）

ドロップ・シフトは、左右どちらの手でも打つことができる。リード・ハンドで打つときは、掌を下に向ける。コークスクリューと同じように、アングルとパワーラインを伴って行わなければならない。

ドロップ・シフトを行うには、膝も曲げ、かがんだ状態までドロップ（落下）する。これは上半身だけでかがむのではない。

リードハンドのドロップ・シフトでは、大抵、左へのサイドステップや、右へのピボットを伴う。繰り返しになるが、打ち手は高さとアングルの両方を変えることができ、それがより捕らえどころない動きにしている。（注3）ジャブの得意な相手と対する時は、ドロップ・シフトはカウンターを狙う方法として有効だ。（注4）

＜図116＞　前の手を下げたJKDスタンスのバリエーション

手の位置

もし、ブルース・リーの映画を見たことがあるならば、彼のリードハンドの構え方にいくつかのバリエーションがある事に気づくはずだ。

純粋なストレート・リード、すなわち最速のリードパンチを放つには、肘を曲げ、標的を照準器に捕らえたスタンスから開始する。これにより標的への距離が最小になる。

一方で、スパーリングをするときは、異なる射程、角度、パンチ、そしてコンビネーションを扱わなければならない。そこで基本よりも手を下げた構えがとられることがある。（写真116参照）

手を下げる事は、カウンターを狙う為に相手の攻撃を誘うのに使われる。また、前の手を下げる事は、さらに多くの攻撃の選択肢も与えてくれる。通常のスタンスとそれをミックスすれば、相手を困惑させる事が出来る。（写真117参照）

テッド・ウォン師父によれば、ブルースはよくリードハンドを下げたまま、スパーリングに挑んでいたという。

『我々（訳注：ブルースとテッド）がスパーリングする時、彼の手はいつも下がっていた。それが彼のスパーリングのやり方だった。とてもリラックスしていた。そして、彼はとても〝速かった〟。ブルース・リーは、正しくブルース・リーだ！　彼は手の位置がどこにあろうと速かった。彼が手を下げたままにしていた理由は、相手を誘い込む為だった。前の手を下げて置くことは、脅威を減らすことになる。さらにそれは、より多くの選択肢を与えるてくれる。

彼が言うには〝手を下げることで、アッパーカットを打つことができる。フックを打つこともできる。手を上げていたら、その範囲からでしか打つことができない〟ということだ。しかし、本当に速くなりたいなら、照準器の原理に則る事。それは距離を短くしてくれる。手を下げたままにしておくと機動性も増す。バランスが取り易くなるのだ』（注5）

次にあなたがスパーリングする時、少しの間、手を下げたままにしておくことをお勧めする。ただし、打たれることを避けるために、いつも以上に距離の判断を緻密に行わなければならない。そして、左の手はしっかり上げておくように！

さらに、次のことに注目しなければならない。より優れた機動性と、より多くの攻撃の可能性を持てる事である。例えば、高めのフックを打ち、その後急に下からのアッパーカットというパターンをセット出来る。また、ストレート・リードとその後の急なフックのパターン。

＜図 117 ＞　前の腕を下げたままにしておくのは、ストレート・リードを打つには、もっとも速い方法とは言えないが、他のパンチを放つオプションが広がり、敵を困惑させる

また、自分が手を下げている時、相手はいつもに増して攻撃しそうになっているかどうか。アタック・バイ・ドローイングの機会を増やしているかどうかもよく観察すること。

11章で論ずるように、ブルース・リーのフィルムの中で、このスタンスのバリエーションの動きを観ることができる。

Notes

1 Jack Dempsey, Championship Fighting: Explosive Punching and Aggressive Defence (New York: Prentice Hall, Inc., 1950), pp. 97-98.
“ピボットステップ”の術語は、おそらくデンプシーから来たものだと思われる。ここではデンプシーはコークスクリュー・フックと共にその使い方を述べている。“主に左のコークスクリューと共にステップする。しかしコークスクリューを中断する時は、直線的な前方向への落下するステップの代わりに“ピボットステップ’するのだ。”

2 同上 ., p. 71.

3 Bruce Lee, ed. John Little, Jeet Kune Do: Bruce Lee's Commentaries on the Martial Way (Boston: Tuttle Publishing, 1997), p. 196.

4 Edwin L. Haislet, Boxing (New York: A.S. Barnes & Noble Company, 1940), p. 23.
ドロップシフトの非常に優れた実例が描かれている。

5 テッド・ウォンとの会話 , June 8, 2004.

CHAPTER 10 ジュンファン・ジークンドーとは

カリ、エスクリマ、その他27の武術との関係

この30年以上もの間、いわゆる〝ジークンドー・インストラクター〟と呼ばれる者が、ブルース・リーが開発していない、もしくは一度も練習していないような技術を教えてきた。

ある場合では、彼らは、例えばカリやエスクリマのような東南アジアの格闘技を、ジークンドーと偽って表現してきた。このことはブルース・リーに対しての尊敬がないばかりか、これらの格闘技の伝承者に対しても失礼なことである。

実際、ブルース・リーの書き残したもの中に、カリやエスクリマに関する記録はどこにも見当たらない。ブルース・リーの私的記録の中には、西洋のボクシングとフェンシング、そして初期の頃に詠春拳に関するものがあるが、それ以外に他の武術に関する踏み込んだ記録は見当たらない。（注1）

ジークンドーはカリではない。エスクリマでもない。そしてもっと確実に違うと言えるのは、あるジークンドー・インストラクターが提唱しているような、「27の格闘技のごった煮」なんかではない。その提

唱における証拠は、ブルース・リーの発行したものや個人的なノートのどこにも見られない。

ブルースが他の武術について簡潔に言及したとしても、その長所と短所を理解するためのものであり、それはそれらの武術を倒す方法を見つけるためである。

実際の戦いの中では、27もの異なる武術を出したり引っ込めたりするような〝流れ〟などない。時々言われるようなジークンドーブレンドというようなものは存在しない。

ベースとなる全体のひとまとまりのシステムが、ボクシングとフェンシングに共通する原則、そして物理法則や人体の構造に基づいていることと、1ダースほどの格闘技からでたらめにテクニックを集めて来るのとでは、まったく違う。

そんなに多くの格闘技から借りてきたもので一つのスタイルを造りだしたとして、それぞれの格闘技に対して科学的効果を証明するための調査を充分にしたかどうか疑わしいものである。

彼らの指導は、だいたい長い繰り言である。「最初にこうして、それからこうして、それからこうして」というように。

そしてブルース自身が言っているように、「すべての〝それから〟を思い出している間に、相手があなたを殺してしまっているだろう」（注2）。おそらくストレート・リードで。

もう一度言うと、ブルースの記述の中で、充分に考慮された上で、ジークンドーへ適応させて取り入れられたテクニックは、3つの格闘技から来ている。フェンシングとボクシング、そして最終的に切り捨てられることになったが、詠春拳である。

詠春拳ではない

ある人物が、ジークンドーは詠春拳を修正したものだと表現しているが、それは間違いである。この本で私が論じてきたように、最初の段階で、伝統的武術の不適合が、ブルースを西洋のフェンシングとボクシングへの研究に駆り立てたのだ。

確かに、最初に彼は詠春拳を学び始めた。そして彼はそれを練習し、それについて書いた。しかし、覚えていて欲しいのは、これは彼の格闘家としての初期の頃の話である。

ブルースの裏庭でのトレーニングの様子の変遷を見た誰もが知るところであるが、1960年代後半までに、彼は詠春拳の木人をサンドバックに取り替えたのである。そして、既に述べたウィリアム・チュンへの手紙の中で、ブルースは1967年までに詠春拳を練習することを止めてしまっている。1960年代の初めに、伝統的格闘技における彼の研究『基本中国拳法』が出版される一方で、1967年以降、彼が書いたものはすべて、ジークンドーに関するものと考えられる。

詠春拳の指導者の中には、ジークンドーは詠春拳に基盤を置くものであり、それを広げたに過ぎないと言う者もいる。しかし、それは間違いであり、彼はそれを捨てたこと以外のなにものでもない。その短所が、むしろ彼をまったく違う道を捜し求めることに駆り立てたものなのである。

この誤解の出所がどこにあるのか、把握するのは難しい。しかしながら、チュンに宛てたブルースの手紙の中で、反証となることが明らかに証明されているからである。もっとさらに明確に言えるのは、ブルースが手紙の中で言っているように「伝統的な中国武術への信心を失った」ということだ。さらに「私が詠春拳に固執しなくなった理由は、効果的であるということに関して、この（ジークンドーという）スタイルが上を行っていると、心の底から感じるからである」と続けている。（注3、4）

西洋的な構造

ここで、技術的な視点からジークンドーの有効性をいくつか見てみよう。

構造的には、ジークンドーのスタンスとメカニズムは、他とまったく異なっている。写真118で見られるように、伝統的なスタンスはかなり体が開いていて、正面を向いたスタンスである。

ジークンドーのスタンスはフェンシング選手のようにより体が閉じており、リードパンチを放つ時は正中線を守りながらさらに体が閉じる。他の武術の開いたスタンスでは、パ

＜図118＞　見ての通り、ジークンドーのストレート・リードの構造は、伝統的な開いたスタンス（左）のものとはまったく違う。たとえ敵がより長いリーチを持っていても、ジークンドーのスタンスの構造とパンチのメカニクスなら、敵が届かないところからでも相手に届かせることができる

ンチが放たれる時はそのままだ。

ストレート・リードのスタンスとメカニズムは、敵に対するリーチもより長くなるので、敵に当てられることなく、打つことができるようになる。開いたスタンスでは腰部を回転させることができず、リーチも制限されてしまう。一方、ジークンドーにおける腰部の回転と肩の伸びをもってすれば、ジークンドーを練習していない者を、射程距離内に入れておける。例え、かなり背が高く長いリーチを持つ敵に対しても、その射程の範囲の外側にいることが出来る。

フット・ワーク

おそらく、ジークンドーと詠春拳を比較する中で最も著しく、最も目覚しい違いが、それぞれのシステムにおけるフット・ワークである。

詠春拳は、その動きはほとんど直線的である。前と後ろ、左右へのターン。それだけだ。

一方、先に論じたように、ジークンドーには「ピボットやカービングステップがあり、それらは距離を縮めると同時に角度を変化させる。これらはより大きく角度の領域を広げ、ボクサーが近い間合いで行う動きにほぼ近い」（注5）

タイミングの点で言えば、詠春拳ないしほとんどの東洋の武術は、全体的にワンビート（一拍）だ。そのフット・ワークの転進やその他の動きに、ハーフビート（半拍）のリズムは無い。

一方、ジークンドーは、そのフェンシングからの多大な影響で、いつでも攻撃をしかけ、回避することができる。

本書では、フットワークの可能性に触れただけであるが、ジークンドーの基礎とも言えるフットワークは一冊の本のテーマになりうることである。だからここでは、ジークンドーのフットワークをもってすれば、いつ何時でも一撃を打ち出すことができると言うに止めておこう。それは一拍の中でも、半拍でも、また何れの角度でも、体重が前足でも、後ろ足でも、どこに乗っていても、そして足が浮き上がった瞬間でも、真実のジュン・ファン・ジークンドーのフットワークはそれを可能にするのである。

ボクシングではない

ブルース・リーは、西洋的な武術であるフェンシングやボクシングのために、詠春拳を切り捨ててしまったようだ。しかしながら、ジークンドーはそれらの西洋的武術を単純化したものでもない。訓練されていない眼には、ジークンドーがボクシングやキックボクシングに付けられた装飾的な呼び名であるようにしか映らないかもしれない。これは真実に基づかない、誤った共通概念である。ある人々は何年もの間、本質的にはボクシングであるものをジークンドーと偽って教えてきた。

だからこそ、いくつかの点について明らかにしておきたい。

強い方を前に

ブルースは、デンプシーやドリスコルからストレート・リードのニュアンスを取り入れたが、ジークンドーに関して覚えておいてもらいたいのは、強い方の腕を（ほとんどの場合は右手である）、前に置くことである。そして、スタンスは、リードパンチを繰り出すのに、もっとも適したように構築されている。

ボクシングの構えは逆である。ボクシングのスタンスは、だいたい後ろの腕で打つように構築されている。ボクシングでは、左のリード・ジャブから右のリア・ストレートを打つ準備のために使うが、元々、ボクシングのスタンスは、後ろの腕を繰り出すのに最も適したようにデザインされている。

タトル出版が、〝ブルース・リー・ライブラリー〟を、1990年代後半に出版した時期に、ちょっとした混乱があった。ジークンドーを練習しているつもりの生徒が、ボクシングスタイルのような左前構え、または弱いほうを前に出して闘うことを教えられていたのだ。それは、彼らがブルース・リー自身の言葉で読んできたこととは、矛盾したものであった。指導者は、後で頭を掻きながら撤回していたが。

注意点としてここにあえて記しておく。もし、ジークンドーの指導者を探しているなら、押さえておかなければならないいくつかの基本的な要素がある。その要素の中で主たるものが、強い方の腕を前に出すということだ。

例え、指導者が何も知らなくても、ジークンドーを学ぶ者は少なくとも、強い方の腕をリード側にしなければならない。もし、指導者がそれを知らないなら、ジークンドーの基本を知らないばかりか、明らかにブルース・リーのことを本で読んだことさえないのである。

スタンス

ストレート・リードを繰り出すためのジークンドーのロング・レンジのスタンスは、足の配置において、ボクシングとはまったく違っている。

一般的なボクシングのスタンスでは、一方の足がもう一方の足の前に出てはいるものの、肩は敵に対して正面を向いている。より現代的なボクシングのスタンスもなお、ジークンドーのオン・ガードよりは平行である。現代ボクシングでは、前足の踵は後ろ足のつま先と横一直線に並んでいる。ジークンドーのスタンスでは、前足のつま先が後ろ足の土踏まずと、前後して一直線に並んでいることを覚えておいて欲しい。

この違いは、敵が狙う的を狭くするのに役立っている。よりフェンシング選手のスタンスに近い状態だ。ストレート・リードを繰り出す時には、敵に対し、露呈して的になってしまう範囲を明らかに小さくできるのだ。つまり、攻撃と防御の双方を同時に成り立たせていることになる。

他方でボクシングのジャブも前の手を打ち出すことには違いがないのに、腰を十分に回転させるためのスタンスを取っていないために、敵からの標的を狭めることにはつながっていない。ボクシングのジャブの打ち終わったスタンスはスタート時点から変わらず、敵に対して体が開いたままだ。

さらに、スタンスの章の最後で試みたことを思い出していただきたい。

ジークンドーのリード・パンチの構えは、標的に衝突したことよって発せられる反発力と同じだけの衝撃を吸収するのに、最も適するようデザインされている。そしてその一方で、ボクシングのジャブが、この力の吸収において効果的でないことも思い出していただきたい。

もちろん、戦いにおいて近距離でより有利な状況を作り出すために、多少、正面を向かざるを得ない時もある。この間合いでは、純粋なストレート・リードを放つことを諦めることになるかもしれない。

しかし全体的な考えとしては、リード・パンチを打つことができるということは、距離をかせぐことになる。戦いにおいては、打てても、こちらが打たれては元も子もない。ストレート・パンチはこれを可能にする。

親指を上に《サムズ・アップ》——縦拳であること

実のところ、このストレート・リードの構成要素には、古い時代のボクシングの足跡がうかがえる。ブルースは、彼の時代より以前のボクシングの書籍を参考にしている。デンプシーやドリスコル、ヘイスレットなどは皆、縦拳でリード・ハンドを打ち放つ。

この理由について再び思い起こすのは、デンプシーがパワーラインと呼んだものについてである。敵の方向に向けて、より強い力を送り込みつつ、且つ自分の手と手首を怪我から守るかなり安定したパンチである。このジークンドーの構成要素は、20世紀初頭のボクシングから来ているが、そのいくつかは今日では既にお目にかかれないものだ。

<図119>　ストレート・リードのスタンスとメカニズムは、ボクシングジャブのそれよりも、攻撃距離をはるかに広範にする。たとえ短いリーチでも、相手がボクシングジャブで届かない一方で、ジークンドーリードによって敵に届く

より広範な攻撃距離

他の武術に対して、ジークンドーが持つ特有の利点とは、打撃の有効距離において決定的な何インチかを加えることができることだ。

写真119から分かるように、スタンスの構造と腰部の回転の機能が貴重な追加距離をかせぐのを可能にする。

これこそドリスコルが、自らのボクシング教本に〝Out fighting or Long Range Boxing〟(注6)というタイトルを付けたことを意味している。

ジークンドーの練習生でない者や、誤ってトレーニングしている者から打たれる心配なく、安心して打つことができる方法が他にはないだろう。

フェンシングとの接点

ジークンドーは、パンチを放つことと、スパーリングの時にボクシング・ギアを身に付けることから、一見してボクシングのように見えるかもしれない。しかし、2つの西洋的な武術の影響の中では、フェンシングから受けた影響の方が、実際のところ大きいようである。

ブルース・リーが最初に手を触れたのが、20世紀初頭のボクシング書である。当時は、英国式ボクシングがフェンシングから発展したことが共通認識であったようだ。これまで見てきたように、ヘイスレットとドリスコルの双方が、多くのフェンシングとの類似点を引用している。特に、ストレート・スラスト、ストップ・ヒット、そして間合いにおいてである。（注7）

ブルースが、ナディやカステロ、マルティネス、そしてクロスニール（注8）の作品や、フェンシングを掘り下げようという考えに至ったのは、恐らくそのボクシングの書籍から着想をえたのだろう。

そう、多くのジークンドーの戦術的な可変性は、フェンシングから来ている。ケイデンス、ブロークン・リズム、間合い。ジークンドーという名前そのものも、本質的に言えば〝ストップ・ヒット〟ということになる。

もし、誰かが、ジークンドーは単なるボクシングだと言ったとしたら、本当のところはフェンシングだと説明しよう。ブルース曰く〝それは、剣を持たない西洋剣術フェンシング〟である。（注9）

映像における証拠

次の章で論じるつもりだが、本章で述べてきたようなこれらの問題を解決するには、自分自身で観察するのが一番簡単だ。そう、映画でもプライベート・トレーニングでも、スパーリングの様子でもいい、ブルースの姿を映像で観察するのだ。そうすれば、ボクシングと違って、彼が利き手側の、右側を前に出しているのが分かるだろう。

まず、彼がストレート・リードを放つ時、縦拳で、掌を下に向けてはいない。

そして、彼のスタンスを見てみよう。ブルースが詠春拳のスタンスだけで、身構えているのを見たことがあるだろうか？　詠春拳のスタンスなら、体が開いていて、正面を向いているはずだ。

次に、ブルースのフットワークを見てみよう。詠春拳を練習している者がフェンサーやボクサーのように飛び跳ねたりするだろうか？　もちろん、そのようなことはない。

スパーリング風景では特に、ブルースが内に外にと違うスタイルでウロウロするのを見るだろうか？　いや、彼はほとんどストレート・リードやストップ・ヒット、フロント・キックばかり放っている。ただそれだけだ。それは、メカニクス、タイミング、そして間合いを重要視して完璧に応用した、いくつかのシンプルなテクニックだ。（注10）

私はここに公表された証拠を掲示したが、最後の証人はブルース・リーその人自身である。

Notes

1　過去に出版されたいずれのブルース・リー本人による記述の中では、カリやエクスリマについて一言も触れられていない。*"Tao of Jeet Kune Do"* やタトル出版の *"Bruce Lee Library"* シリーズ、そして *"Fighting Method"* シリーズ、そしてこの本を書くにあたりブルース・リーの記述を分析、調査したが、同じ様にこれらの東南アジアのアートの引用は一切無い。

2　Bruce Lee, ed. John Little, *Jeet Kune Do: Bruce Lee's Commentaries on the Martial Way* (Boston: Tuttle Publishing, 1997), p. 38.

3　Lee, ed. John Little, *Letters of the Dragon: Correspondence, 1958-1973,* (Boston: Tuttle Publishing, 1998), pp. 110-111.

4　同上 , p. 124. ウォン・シュン・リャンへの手紙の中で、ブルースは詠春拳よりもボクシングの打撃が上回る事を指し示す記述がある。彼はしばしボクサーと練習している事を述べている。そして"詠春拳の使い手と呼ばれる人たちが多数いる。僕は、彼らがボクサーに向こう見ずに挑戦しない事を､心から願っている"と書いている。

5　同上 , p. 33. ジョン・リトルは、詠春拳のカーブした動きの欠落について記している。

6 Jim Driscoll, *Outfighting or Long Ranging Boxing,* (London: Athletic Publications, LTD.). 76 ページに素晴らしいロングレンジボクシングの長所の記述がある。

7 Captain John Godfrey ed. W. C. Heinz, "The Useful Science of Defence" in *The Fireside Book of Boxing* (New York: Simon and Schuster, 1961), pp. 158-162.
"Bruce Lee : A Warrior's Journey" の中で、この本がデンプシーやヘイスレットと並んでブルース・リーの本棚に納めてある事がわかる。ゴット・フレイの本は 1747 年に出版され、フェンシングのボクシングへの応用を説いた初の書籍だ。

8 テッド・ウォンとの会話 , June 8, 2004

9 Bruce Lee, ed. John Little, *Jeet Kune Do: Bruce Lee's Commentaries on the Martial Way* (Boston: Tuttle Publishing, 1997), p. 210. 再度ドリスコルとの比較
p. 27.「事実上、それは剣の無いフェンシングだ。全てその動きは（フェンシングの動きに）追随する。むしろ追随するべきなのだ。同じ原則が存在する。」

10 次の章で述べているようにこの件に関して *"Bruce Lee : A Warrior's Journey"* の 21 分頃の映像で観る事が出来る。

CHAPTER 11 原典に向かう

ストレート・リードの探求を締めくくるにあたって、ジークンドーのすべてはブルース・リーとともに始まり、ブルース・リーとともに終わった事を忘れてはならない。

この本で書かれたことは、すべてブルース・リーが書き残したことを元にしている。そして、ブルース・リーから直接手ほどきを受けた、テッド・ウォン師父の指導もその情報源である。

過去、何年もの間、自分自身の宣伝のためにジークンドーの名前、他の武術、そしてブルース・リーの業績、さらには科学の基本法さえ無視して、利用し、問題となった者がいる。簡単に言えば、誰の言い分であるか、という問題ではない。科学的な問題なのである。

ブルース・リーが、彼の成したジークンドーの中で、なぜそのような技術を選択をしたのか。この本で示された議論が、少なくとも、その〝なぜ〟に光を投げかけることになれば、と私は願っている。

ブルースは、何でもかんでも、ただ投げ込んで混ぜ合わせたわけではないのだ。戦いにおける科学を何年も研究した末に、縦拳で、強い方の腕を前に持ってくるリードパンチを選んだのだ。

彼はただ「できるから」という理由だけで、手のひらを下に向けたボクシングのジャブを左手で打つことをしなかったわけではない。彼は、意図的に特定の要素を取り入れ、その他のものを排除したのだ。そして、そこには科学的根拠に基づいた選択があったのだ。

もし、自分の格闘技のレパートリーを加えたいと思うなら、それはそれで良いだろう。そして、もし、その加えることが真の改良になるのなら、さらに良いことである。

しかし、その加えられた要素をもって、ジークンドーとして表現するべきではない。そうしなければ、どの要素が真にブルース・リーによってもたらされたのかを知ることが不可能になる。

さらに言えば、付け加えられた〝非ジークンドー的な要素〟が、そんなに有効なものならば、なぜそれを前面に出して謳《うた》わないのだろうか？　なぜジークンドーの名前の後ろに隠れるのだろうか？

他の分野や、自分の発想を実践していながら、それをジークンドーと呼んできた人々は、そうしてきた年月の間、じわじわとブルース・リーの芸術を蝕んできた。

しかし、今こそ再生の時である。それにはある程度、時間がかかるだろう。実に多くのものが、ジークンドーの仮面を被ってはびこっているからである。

それを達成するのは決して平坦な道のりではないが、すべてを成し遂げるためにの少しばかりの共通意識がある。原典に向かうのだ。

ブルースの動きを見よ

書かれた言葉には限界があり、写真にもやはり限界がある。

一日中ストレート・リードのことを語って聞かせることはできるだろうが、一冊の本だけでは完璧なストレート・リードへと導くことはできないだろう。

ここで描写できるもので判断し、科学的な説明を受け、何が起こっているかの知識をより深め、――そして重要なことはなぜそうするのか――をストレート・リードを打った時に理解するのは難しい。

しかし、ブルースが言ったように〝戦いのエッセンスは、動く芸術〟（注1）なのだ。動きの中でこそリードパンチが一体何なのかを理解する事が出来るはずだ。

一番良い方法は本物と偽者の違いを見分けるようになることである。つまり、入手可能なブルースが映像で実演しているストレート・リードの手本を何度も見るのだ。

それを始める前に一つだけ忠告がある。手本となるその男は実に速い。私はＤＶＤのリモコンを使ってひとこまひとこまを、ブルースの芸術性を充分に味わいながら見ることを薦める。

以降、どの場面がいつ起こっているか時間帯を記してあるが、ＤＶＤは他の国々で何度も再製造、再販売されているので、時間のコードが少しずれていることに気を配ってほしい。

ウォリアーズ・ジャーニー（Bruce Lee: A Warrior's Journey）

ワン・インチ・パンチ

ストレート・リードとジークンドーには、有効的で、なおかつ効率的であるという一貫したテーマが、その根底に流れている。別に驚くべきことではないが、もっとも良い例が映像として、ブルース・リーの映画ではなく、〝Bruce Lee: A Warrior's Journey〟に見受けられる。自宅で足運びの実演を見せるその数秒は、映画用でないジークンドーが、どのようなものであるか、そのアイディアを我々に与えてくれている。

ＤＶＤの29分35秒に、１９６７年に行われた国際カラテトーナメントで、あの有名な〝ワン・インチ・パンチ〟をブルースが実演するところ見ることができる。

本書で説明してきた、リード・パンチのスタンダードとは、正確には少し違うかもしれないが、ワン・インチ・パンチは、小宇宙におけるストレートであり、必然的にインパクトの点では、まさにストレート・リードである。

振りかぶった勢いがなくても、体勢を整えて、適切なメカニズムで打てば、インパクトの瞬間に最大限のレバレッジと力の合成を創り出せるということを実演している。

手は標的から1インチ離れてポジションを取っている。注目すべきは、ブルースの腕が標的を貫くために3インチ程の余分をとって曲がっていることである。この空間が、押し出すモーションに巨大な力を与えているのだ。

ブルースは腰部を回転させる。そして、実際のパンチに先立って、彼が、前述したとおり膝を小さく曲げて、ほんの少し屈んで構えるのを眼にするだろう。この曲がった膝が押し出す空間を生むのだ。

もし、彼の脚が真っ直ぐな状態だと、何処にも移動できず、距離を埋める事さえままならないため、力を生み出すための地面に対する反発力や、垂直方向の別の力が必要となる。

パンチを繰り出すことを優先して配置された足や脚の配置は、正しいストレート・リードをプッシュ・オフする直前の正確な位置と同じである。

1インチしか離れていないところから繰り出されるリード・パンチに、フットワークはあまり期待されていないと思われるかもしれない。

しかし、よく見てほしい。打つ前に低く身構えた彼の左足のかかとが、少し浮いているのが分かる。そして、彼の腰部が旋回したときに、彼が体重を移動させているのが分かる。50対50の両足への体重分配から前足へと体重を移し変えている。

左足が地面を押し出す。拳が標的を打つ。右足が、微かに地面から離れて重心移動に対応して再調整される。そして、後ろ足が着地する。1つの押し出しと、三点の着地、これで完了。

ここでの教えは、ジークンドーのすべてのパンチは、距離に関係なく、フットワークが要求されるということだ。

さらに注目すべきは、ブルースの中心軸が決して前足より前に出ないことである。たとえ彼の体重が前足へと移動しても、彼の中心軸は立ち位置によって形成された基盤から、外に崩れてしまうことはないのだ。これでバランスが常に保たれるのだ。

ストレート・ブラスト

29分8秒のあたりで、右ストレートと左ブローの連打の場面がある。そのストレートの嵐の中に、あらゆる種類のストレート・リードを見ることができる。

この場合、ブルースはストレートの嵐をサンド・バックに浴びせているのだが、そのパンチはローライン（下方の線上）から送り出されている。それはまさにショベル・フックなのだ。

この手本で注目してほしいのは、重心移動である。3つの力の方向が、すべてここで説明される。腰部の回転がある。それぞれのパンチは、ものすごい地面の反発力で押し出されている。最後に突き抜けんばかりに彼の体重がバッグに向かって送り込まれている。

リソース（資料）

20分13秒のあたりで、ロジャー・クロスニエルと、エドウィン・ヘイスレットの本がチラっと映し出されている。ブルースは、これに非常に細かい書き込みをしている。そして、31分8秒のところで、〝The Fireside Book of Boxing〟が出てくる。キャプテン・ゴッド・フレイの著作であり、先に一部を引用した。これは、イギリス・ボクシング・シーンの復活に、フェンシング理論で貢献した一流の本だ。

ストップヒット

最後に最高のものをとっておいたのだが、戦いの状況に適応したストレート・リードの完璧な手本が、2つ登場する。初めの方はビデオのカウンターが21分16秒の表示するあたりで見受けられる。1967年の国際カラテ大会で、ブルースはスパーリングを行っている。

まず注目すべきは、信じられないほどリラックスしたブルースと、彼のリードハンドの多彩なポジションだ。スパーリングの映像の間、ほとんどブルースはリード側を下げたままである。

この初めの手本では、敵が彼に向かってラッシュしてくるが、ブルースは2つの単純な攻撃的防御の型を取っている。最初、彼は相手のキックへのカウンターとして、前足を出して防御して、それから敵の頭めがけてストレート・リードを打った。（注2）

こうしたカウンターを出すには、タイミングと間合いの取り方が完璧でなければならない。

このやり方はシンプルで全然、見栄えがしない。これらのカウンターは決して脚光を浴びるようなものではない。かすかな敵の動きに合わせて、彼はできる限り真っ直ぐなリード・ハンドを放った。もし、瞬きでもしようものなら、それを見逃してしまうだろう。これに比べれば、映画の中でブルースが見せる動きは、かなり誇張されていて、賑やかだ。ここは1つ、映像を静止させ、ひとこまひとこま見ていくことをお勧めしたい。

もう1つ別の例が、数秒後の21分23秒のところでの、ストップ・ヒットのすごい手本だ。敵がバンと地面を蹴り出すか否かのうちに、ブルースは既に彼をふっ飛ばしている。

そこでまず思い出して欲しいのは、手と腕が常に足より早く動くことである。

そして、この映像は、フットワークの重要性を物語るすばらしい見本でもある。ブルースは戦いの間、有利な間合いを維持し続けるために、小さくコントロールされたプッシュ・オフ、ステップ・アンド・スライドを使う。

一度、ブルースは、ステップ・アンド・スライドで後退しているが、その動きは一定の全拍《フル・ビート》を刻んでいる。これは敵を誘い込むための準備だ。そして、ブルースは次の一歩を半分後ろにずらし、半拍《ハーフ・ビート》の動きによって方向を切り返し、敵を捕らえる。

つまりここでは、間合い、タイミングの取り方、攻撃の組み立て方など、すべてがフットワークを用いて組み立てられている。

ただドリスコルがリード・ストレートについて述べているように、ここではブルースがそんなに強いパンチを打っているように見えない。そうする必要がなかったからだ。ストップ・ヒットを一度実行してしまえば、相手にはその人自身の体重と勢いが、相手にかかることになる。絶妙なタイミングのストップ・ヒットはほとんど力が必要ないのだ。

再びごくごく単純なことに戻るが、映像ではあまりにも早い出来事で、ブルースの敵はどこからパンチが来るのか分からないようだ。

リモコンを持って場面場面で止める準備をしながら映像を凝視していけば、なぜ教本のように純粋なストレート・リードの手本がブルースの映画にはないのか、たぶんその答えがわかるはずだ。訓練されていない眼で捉えられるほど簡単なシロモノではないのだ。映画では、観客が見ることのできるアクションが要求されるが、実際の戦いで要求されるのは、何を打つのかすら、敵に知られないことである。

燃えよドラゴン（ENTER THE DRAGON）

バック・フィストのバリエーション

〝燃えよドラゴン〟の格闘技シーンでは、彼の自宅の裏庭でのトレーニングや、ブルースが実際にスパーリングで使っていたものに比べれば、技術的に芝居じみているものの、それでも本当に良い手本が、２つ登場する。

１つは、ボブ・ウォールとトーナメントで向き合うシーンである。映画のなかでこのシーンは、61分35秒のところで現れてくる。

このシーンで繰り出されるパンチは、本当に速すぎて見えず、ただ感嘆するばかりである。スロー再生にすれば、そこまで信じられないほどの速さを作り出しているメカニズムを、垣間見ることができるであろう。

最初に出てくるのは、純粋なストレート・リードではないが、まさにこれぞバック・フィストと言えるものである。バック・フィストは、標準的なストレートよりパワーで劣るが、ジークンドーのパンチの中で最も速いパンチである。パワーが劣っている分は、スピードで補うことができる。なぜなら力とは質量×加速度だからである。

バック・フィストの時、手は中心軸より左の方（ブルースの左）から始動し、鞭を打つように出て来て、中心軸の左方向に戻る。画面に近づいてよくよく見てみれば、実際のところ彼がフィンガー・ジャブを放っていることが分かる。

手の軌道はさておき、このパンチに関するその他のことは、すべて確かに純粋なストレート・リードを打つためのことと同じなのである。手もわずかに足より先に動いている。

以下は、プッシュ・オフと三点着地の美しい手本である。

ブルースが左足を発進させる。ボブ・ウォールの顔面を手で打つ。これが1つ目の着地である。右足が地面に着地する。これが2つ目の着地である。3つ目で左足が着地する。

デンプシーから学んだように、前足が着く前に標的を打つことで、体にかかる下方向への重力が地面に落ちずに方向を変えるのだ。それゆえ、体重を最大限にパンチに乗せて標的にヒットできる。

2番目の手本は、61分50秒にある。同じパンチを別の角度で、また違う様相で見せてくれている。特に最初の手本で、ここでのテキストのプッシュ・オフに関する図解を強調しておきたい。深さとパワーと、そして信じられないくらいの爆発力が記されている。

ブルースがここで言及しようとしたかは分からないが、伝統的な詠春拳の構えを取った二人が互いの腕を合わせて勝負を始める演出をする事によって、伝統を超えたジークンドーのストレートパンチの有効性を確かに示している。

他のいかなる武術にも、このようなパンチ、フットワーク、そして鋭利なまでのスピードとパワーはない。このことがジークンドーのストレート・リードが、他と一線を引くものとなっているのだ。

セット・アップ

ビデオのカウンターが93分27秒の表示をするあたりでは、ハン（シー・キエン）と最後の対決が繰り広げられる。このシーンには、セット・アップのためにリードハンドをどのように使うかという、みごとな手本がある。

ブルースに既にリード・キックを何発も浴びせられ、ハンは完全にたじろいでいる。ブルースはリード・ハンドで高い位置にフェイント、それからもう一度低い位置をリードハンドでフェイクしている。

気勢を削がれ、どちらものフェイクにも引っかかったハンは、無防備になり、キックを耳に受ける。そして、怒りが頂点に達したブルースが、ウォリャーーーーーと叫ぶのだ。

ドラゴンへの道（RETURN OF THE DRAGON）

テッド・ウォン師父によれば、〝ドラゴンへの道〟は、他のどのブルースの映画よりもジークンドーの要素を含んでいるという。

『ああ、彼は本当に興奮していたよ。なぜなら、あれは彼が本当に誇りにしていた映画だからね。彼が自分で書いて、自分で撮り、その中で自分が主役だったんだからね。彼の赤ん坊のようなものだよ。

あの映画では、彼が出演したどの映画よりジークンドーの要素が含まれていた。まさに彼の考えや、彼の格闘技方法がそこに表されているね』（注3）

コロシアムでのチャック・ノリスとの最後の対決には、フットワーク、ストップ・ヒット、セット・アップ、ブロークン・リズムなど、名の付くものはすべて含まれている。

フットワークの解説から始めよう。戦いの始めで（映画の中では83分と30秒）（注4）、ブルースはチャックのキックをペンデュラム・ステップでかわしている。そのあと、84分と51秒で幻想的な一連のスローモーションがある。ブルースが旋回し、円を描き、さらに左に円を描いているのが見られる。

注目すべきは、その小さなステップである。それから85分と3秒のところで、彼は右に旋回する。この本では、もっとも基本的なフットワークに触れただけであるが、このシーンで見られる、バウンスやハーフ・ビートのフットワークを使った旋回動作に注目してほしい。このすべてがブルースを、俊敏かつ常にバランスがとれ、打つ機会があればいつでも敵を捉えられるような状態に保つのである。

上半身と下半身の協調に関するすばらしい手本もある。また本書で解説したものを超えた、すばらしい防御の動きがそこにある。

これらのすばらしい手本が見られるにも関わらず、やはり映画おける戦いと、〝Bruce Lee : A Warrior's Journey〟におけるブルースの実際のスパーリングを収めたフィルムとは、格段の差がある。テッド・ウォン師父によれば、実際のスパーリングの時には、ブルースはまったく動かず、必要な状況にならなければ、この映画のようにバウンスもしない。（注5）

次に、カウンター攻撃としてのストレートの手本を見てみよう。ブルースはすべり受け流していく。

チャックはさらにパンチを放つ。ブルースは後ろに引き、それからハーフ・ビートで切り返し、ストレート・リードを放つ。残念なことに、この場面でブルースの足が見えないことだ。彼の手は、いつものように低めに位置し、極力リラックスした状態から電光石火のようなストレートが打ち放たれる。

〝ドラゴンへの道〟の最後の格闘シーン全体においては、ジークンドーの戦術に関する、映画上最高のものが表現されている。ここでは、ストレート・リードとどのような関連があるかだけを語るとしよう。

しかし、まったくもって、ここにはキックや他の武器についてもたくさんのものがある。

86分27秒では、ストレート・リードを使った構えのすばらしい手本がある。すでに論じたように、カウンター攻撃におけるリード・ハンドの脅威は、既に確立され揺ぎ無いものがあるが、ブルースは一歩進んだ間接的な攻撃としてストレート・パンチを自由に使いこなしている。彼は上でフェイントをかけ、チャック演じる役が上を空振りすると、すかさず下に行く。

86分と33秒では、ブルースは同じシナリオを繰り返す。上でフェイントをかけ、下でフェイク（騙し打ち）をする。彼は1つのパターンを繰り返して、チャックを自動的機械状態《モーターセット》にしてしまう。注目したいのは、両方の例で、彼は手を下にしている。フェイントとフェイク（騙まし打ち）は、この手が下に位置したところから始まる。2回繰り返した後で、チャック演じる役が同じものがくると予測したところを、決して見えないハイ・フックで頭をピシャリとやる。

これは前の手を下にやる美しさである。この位置から、アッパーカット、ハイ・フック、ロー・フックショベル・フック、コークスクリュー、そしてもちろんストレート・リードを打つことができる。常に両手を上に保っているより、かなり相手を惑わすことができる。

最後に86分と55秒のところで、本書にもあるストップ・ヒットがある。しかし、まず始めにパターンとはめてしまわなければならない。

チャックが蹴り、ブルースが後ろに下がり、チャックが再び蹴る。ブルースは後退し、そしてチャックがもう一度蹴り始める。三度目の誘惑である。ハーフ・ビートで、ブルースはストレートでインターセプトに入り、それからクロス、フック、さらにクロス、もう一度フックと続ける。チャック演じる役は不利な展開となり、それからやられっぱなしである。

その他の題材

もし、ジークンドーの技術の正しい実践を生で見たいのなら、誰よりもブルース・リーとプライベートの稽古で多くの時間を費やした、テッド・ウォン師父を推薦したい。（注6）
もし、できるなら、彼のセミナーの一つに参加していただき、それができなければ、いくつかの良いビデオがある。入手困難ではあるが、ジークンドー・ニュークリアスによって開催されたブルース・リー・セミナーが部分的に編集され入手可能になったが、１９９０年代後半の期間限定であった。
また、ブラック・ベルトマガジン製作による、テッド・ウォン師父とリチャード・バステロ氏を特集したビデオもある。ストレート・リードに関する説明は多くはないが、少なくともテッド・ウォン師父のテクニック、スタンス、フットワークを観察することができる、それらのすべてがブルース・リーの教えと書き残したものから成り立っている。

2003年にバーバンクで行なわれたブルース・リー大会で、ブルース・リーがスパーリングをしているフィルムが紹介された。その時はちょうどこの本の計画中で、そのフィルムの中でブルース・リーは、次から次へとストレートを打っている。おそらくこの本が発行される頃には、それも入手可能になっていることだろう。（訳注：2010年7月の時点では、未発売）

適切な指導

驚かされることに、ブルース・リーの武術を教えてもらえるだろうと思い、結構いい金を指導者に払っても、その動きはブルース・リーと似ても似つかないということがある。

もし、あなたがそれを学んでいることを気に入っているのなら、それはそれで良い。しかし、もし、ストレート・リードを放ちたいなら、私が述べたビデオ・クリップを繰り返し見るほうがよっぽど良い。私は、ブルース・リーのように動ける誰かを探せと言っているわけではない。しかし、そこにはある根本的な要素があるはずだ。この本で描いた輪郭は、ブルース・リーが自ら書き残したものにも見受けられる。

利き手側を前にすること。適切なアライメント。リード・ハンドを縦拳にすること。スナップのきいたフォロースルー。正確な動きの連続性。爆発的なプッシュ・オフ。軽やかで精密なフットワークなどである。

最後に、もし、あなたが誰かから何かを学ぼうとするなら、その人が教えようとしている技術を、実際にやってみせることができるかどうかが、重要ではないだろうか。

さらに、当たり前のことで、驚くかもしれないが、あなたが誰かの指導に従うなら、あなた自身のためによく観察する必要がある。この人は打てるのだろうか？　動けるのだろうか？　と。

できれば、フォーカス・ミットを持って、その指導者に打ってもらおう。実際に正確で的を捕らえた、爆発的な力をそれぞれのパンチに感じるのだ。彼がスパーリングをするのを見るも意義深い。教えている技術をどのよう適応させるか、指導者自身が知っているのかどうかも重要だ。

もし、あなたがまだ確信できないのなら、私が論じたビデオ・クリップに戻ろう。たとえもし、あなたが良い指導者と正しい道を歩んでいるとしても、ブルースと共にこれらのビデオ・クリップに時間を費やすべきである。それらを見て、分析し、覚えこむのだ。答えはそこにある。

Notes

1　Lee, *Tao of Jeet Kune Do*, p. 143.

2　ブルースはテレビ映画“ロングストリート”の中では、彼の最も射程距離の長い武器、サイドキックを使って、最も近い距離にある相手のヒザの皿へ攻撃している。

3　テッド・ウォンとジョン・リトルによる“テッド・ウォンへのインタビュー” *Bruce Lee: The Official Publication & Voice of the Jun Fan Jeet Kune Do Nucleus*, February 1998, p. 12. テッドウォンとの会話 , 18, 2004,

4　イギリス版 DVD“ブルース・リー 30 周年記念”をタイムカウンターの基準としている。発売国によってタイムカウンターの変化がある。

5　テッド・ウォンとの会話 , March 18, 2004.

6　テッド・ウォンへのインタビューの章で彼への信頼性が挙げられている。

PARTING SHOTS 終章

ルーツに戻って

ジークンドーのルーツから本書を始めた。だから、本書を閉じるにあたって、今一度ルーツに立ち返りたい。

ブルース・リーによれば、〝ジークンドーにおいて、我々が追い求めているものは、「根」であり「枝」ではない。根とは本当の知識であり、枝とは表面的な知識である。本当の知識は、体の感覚と個人的な表現を生み出す。表面的な知識は、機械的な条件付けと共に、かえって制約を課してしまい、創造性を押しつぶす〟ということだ。（注1）

何年もの間、ある者はブルース・リーがよく使っていた「個人的な表現」という言葉を〝何でもありだ《anything goes》〟

という意味に誤って解釈して、異なるたくさんの武術から少しずつ、あれこれ取ってくる事がジークンドーを実践する事だと言ってきた。皮肉なことに、このことがまさにブルースが批難していたような、表面的な知識と機械的な条件付けへと向かわせることとなった。

ジークンドーは闇雲な知識の集積ではない。ただ単に他の武術を簡単に持ってきて、根本的なシステムから切り離してしまうことは、非合理的なだけでなく、他の武術に対する敬意に欠くことだ。まともなことはひとつもないのに、他の武術を貶めることは、本当に表面的な知識や浅はかな理解へとたどり着いてしまうものだ。悪事を働く者たちが、構造の根底にあるものや、くすねてきた技術の裏にある教養を知り得るだろうか？　戦いの状況の中での使い方を知り得るのだろうか？

本当の理解とは、あらゆる角度からその技術のことを知ることにある。すべての利点とすべての欠点を、使おうと使わまいと、いつでも分かっていなければならないのだ。

それは、その内側にあることから外側にあることすべてを知り尽くし、生体力学的な背景にある理由にいたるまで、すべてを説明できることを意味する。１つの技術は、それらの命題に答えられることがないままで、取り入れられることはないのである。

XとY

ブルース・リーが、彼の戦闘システムのために何でも取り入れたわけでないことを、忘れてはいけない。

彼が選んだ特定の物とは、親指を上に向けて打つこと（縦拳）、かかとを上げること、そしてレイピアである。排除したものは、手のひらを下にして打つこと、かかとを地面につけること、そしてブロードソードである。我々はこれまでこの本の中で、彼の選択の裏側にある理由を説明してきた。

ボクシングは〝甘美な科学〟であると言われ、もし、ジークンドーもまたそうであるならば、従わなければならない特定の科学的法則があるはずである。それらは、単に戦術的な戦いの科学的法則ではなく、物理的法則であり、私たちが日常経験するものと同じ現象なのである。

それらは重力と運動の法則であり、私たちが生きるこの物理世界を支配するものそのものなのである。ブルースがジークンドーは〝単なる名前〟に過ぎないと言っていたのは間違いではない。そして、それはそのシステムそのものでもある。

何か別のことを練習して、それでもまだそれをジークンドーと呼び、あるいはジークンドーを誤って伝えたならば、それは正に存在そのものを否定することと同じだ。悪意からか、無知なのか、いずれにしろブルース・リーの名前を汚すことになる。

まだ信用していない人たちのために、〝Bruce Lee's Commentaries on the Martial Way〟50ページを開いてみる必要がある。

- Xはジークンドーである。
- Yはあなたが表現しようとするスタイルである。
- Yを表現し教えるためにYの教えに従い、人はそのメンバーに何度も繰り返し教えなければならない。

・これはXを表現する資格があると認められている者誰にでも同じよう当てはまることである。
・XとYを混入させることで正当化することは、基本的にYを否定することである。しかしそれでもまだそれをYと呼ぶことだ。
・男とは自ら選んだ道をあくまで守りぬく高潔なる者のことだ。
・バラの園はバラを産み出し、スミレの園はスミレを産み出す。（注2）

今や何年にも渡って、人々はYを練習しながらそれをXと呼んできた。この本の目的は，本当のXはいかなるものかということに、光を投げかけることである。

ところで、このXとYの話は、ジークンドーと拳法、空手をミックスしようとしていた生徒のひとりでもあるジェリー・ポティートに宛てて、ブルース・リーが書いた手紙からの一節である。それにブルース・リーは異議を唱えていたのは明らかである。（注3）

ジークンドーは何をやっても良いという考えが、ブルース・リー自身から来たという考えに反対する強力な証拠である。

『いかなる肉体的な動きにも、各々の個々の動作を成し遂げる為に、常に最も効果的な生きた流儀がある。それは正しい手段と動きのバランス、効率的で有効な動きとエネルギーの使い方などである。解放され、生きた効果的な動きもある一方、縛られた不毛で古典的なしきたりと条件もある』（注4）

ここに決定的な区別がある。科学の法則に従う事と、流行の知恵に盲目的に従う事は、はっきりと区別される。

その昔、人類は地球が平面であると、当然のように考えていた。しかし、科学的にそうではないということが証明された。今となっては、ただそう感じるからという理由で話を元に戻して、やはり平面だと言うことすら無意味である。

ジークンドーにも同じことが当てはまる。

我々は、ジャブを放つことが有効な手段の1つであると、一方的に考えてきた。何千年もの進化を経て、さらにブルース・リーの研究の末、より有効な戦い方と、より洗練されたパンチの打ち方が導き出された。しかし、こうしてブルース・リーが発展させたことは、さらに磨かれ積み上げられるどころか、不幸にも（悪意と無視からという人々もいるが）むやみに関連性のない技術を付け加えられていくこととなった。技術的な装飾を施していくことでジークンドーが改良されていったというのは、間違いである。

彼らのしていることは、2つの点において反ジークンドー的と言える。

まず、1つ目は、まさに科学的、物理学的法則から逸脱して行っていることである。

2つ目は、ブルース・リー自身が〝どれだけ多くのことを学んだかではなく、どれだけ学んだことに吸収するかである。最高の技術とは、単純なこと1つ1つを正確に遂行できるかである〟（注5）と書いているように、技術を加えていくことはジークンドーの哲学に反している。もう一度、根本に立ち返ろう。

ブルースは、彼の生徒たちについて言っている。〝（彼らは）次から次へとより新しい技術を探求することの不毛さを悟るだろう。それより、むしろ彼らは単純なテクニックを正しく実行できるようになるために必要とされる時間に、その身を捧げるだろう〟（注6）

不幸にも常に実情はそうはならなかったのだ。

ジークンドーの実践者たちは、基本となるスタンス、メカニクス、フットワークを完全に磨き上げることに時間を費やす代わりに、（上達の）段階をすっ飛ばし、他のアートの、それが構築された基本原理を把握せず、徹底した調査をせずにテクニックを付け加えている。最悪なことに、その寄せ集めをジークンドーと主張している。

もし、誰かが彼らの収集した装飾を、現存するジークンドーに付け加えたがっても、それは構わない。しかしそれをジークンドーと呼んではならない。そしてそれは有効な物であっても科学的な証左でバックアップされていなければならない。

公でブルース・リーは、スタイルというものを信じないと言ったかもしれないが、明らかに他のシステムとは分けて違うものとして見ていた。

彼は友人に宛てた手紙の中でこう言っている。〝私のジークンドーは、他のものとはまったく違う何かだ。私は、無知と不完全さによって盲目となっている格闘技を、ますます哀れに思う〟（注7）

〝形式が無いこと〟VS〝無の形式であること〟

何年もの間、多くの人が〝無法という方法《no way as way》〟ということに関して、ブルース・リーの言葉を誤って解釈してきた。

彼らは、自分たちのやりたいことを何でも練習して、人に教え、それをジークンドーと呼んだ。そしてその結果として、ブルース・リーが開発した実際の技術を見失ってしまった。

記憶すべきことは、ブルースは何千年もの間繰り返されてきた伝統武術のトレーニングに対して疑問を抱いていた事だ。我々は、彼の言葉を適切な背景に置く必要がある。当時、彼は伝統武術はちっとも進歩しておらず、その技術も伝統に則ったものであり、科学には則っていないと考えていた。

しかしながら、今日では〝振り子〟は、あまりにも遠い反対の方向へと振れてしまった。ジークンドーと偽るその多くは、体系がなく、非科学的で、まったくもって無秩序な混乱状態だ。事実、ブルースは次の文章を書いた時に、この誤解をまさに予期していた。

『人々はたびたび間違って、ジークンドーは反形式的なものだと〝信じている〟。このことについては他の節で明らかにしているので、ここで詳細にまで至るつもりはないが、1つ我々が理解しなければならないのは、ある動きを実行する時、最も効率的で生きた方法があるということだ。（レバレッジ、体のポジション、バランス、フットワークなどの基本法則を破ることはできない。）しかしながら、生きた効率的なフォームは、束縛と制約による独創性の無い伝統形式とは別のものである。

上記のことはさておき、まず形式が無い事と無の形式でいる事の、微妙な違いを区別しなければならない。前者は無知であり、後者は超越である』（注8）

ここでの抜粋に決定的な区別がある。上記でも述べているように、〝基本的な法則〟すなわち、科学の法則は〝必然だ〟。基本をマスターし損なえば、ブルースが言うところの〝形式が無い〟ことになる。これは単なる無知だ。

〝無の形式でいる〟とは、これと対照に、純粋に本能的なレベルまでに使いこなせるように基本をマスターしたところで到達する技術水準である。

これは正しい方法など無いという意味ではない。上記の文章から、ブルースが、技術を身に付け、実際に使いこなすには、正しい方法と間違った方法があることを確信していたことが伺える。

無の形とは、もはや思考を要求しないほど完璧なまでに、それらの技術を使いこなすレベルのことである。（注9）これは超越の境地であり、基本が完璧なまでに研ぎ澄まされてこそ、初めて達することが可能とされる技術の極みである。

〝ジュン・ファン・ジークンドー〟と〝ジークンドー〟

今こそ、この本のタイトルを、ジークンドーの代わりに、ジュン・ファン・ジークンドーとつける絶好の時かもしれない。なぜならブルース・リーの予期せぬ突然の死のために、ジークンドーという名前の所有権がこれまで、法律上で訴えられることがなかった。そしてこの状況にあぐらをかいてきた人々は、彼の芸術作品をほとんど破壊してしまった。悲劇的なことに、彼らはジークンドーという言葉を無意味に引き合いに出してきた。

真に、ブルース・リーは進歩と改良を信じていた。しかし、この30年の間にジークンドーが誤って伝えられ、混乱を招いたことで、新しい世代は、何が実際のところブルース・リー彼自身から来るオリジナルの情報なのか、識別できなくなってしまった。

多大な合法的作業の末、ブルース・リー・ファウンデーションは、ブルース・リーの権威ある教えを表すものとして、ジュン・ファン・ジークンドーの名前を奪還した。ジュン・ファンとは、リーの中国名であり、ブルース・リーの芸術と、他のいわゆる〝ジークンドー〟と誤って表現されるものなどと区別する為に付け加えられたものである。

この本の目的は、リー自身が書いたものを伝えるだけでなく、さらに一歩進んで、彼に影響を与えたものをたどることによって、記録を真っ直ぐ、率直なものにすることにある。

我々はジークンドーという元々あった名前を用いてきたが、本書を通して表される内容は、タイトルにも示されるように、ジュン・ファン・ジークンドーの名前の下に書き表されたものである。

ジュン・ファン・ジークンドーとして明示される特定の指導内容は、ブルース・リー・ファウンデーションによって認可されるべきである。ジュン・ファン・ジークンドーにおける正しい知識、情報をお求めの方は、是非、ブルース・リー・ファウンデーションのオフィシャル・サイト、www.bruceleefoundation.com へアクセスしていただきたい。

肉体的な世界

今日、ジークンドーを取り巻く混乱と論争のすべては、当然ながらブルース・リーの突然の死という事実に端を発しており、それゆえ我々はもっとも進んだ段階における決定的なテキストから決して離れてはならないのである。

〝Tao of Jeet Kune Do〟や〝Bruce Lee's Commentaries on the Martial Way〟にもなったノートは、現在出版されている形で世に出されることを意図したものではなかった。だから、そこから我々が得るものは、最大限に評価しても、段階的指導を欠いた、技術的理解に限界のある大まかなアウト・ラインである。そこに書かれた技術的な核も無しに、人々はジークンドーの哲学的原則に固執した。しかし、単なる哲学のほとばしりでは、誰もジークンドーを実践しようとは思わない。

我々は、〝沢庵《たくあん》 宗彭《そうほう》〟の言葉でこの旅を始めたが、同じやり方で終わりにしよう。

『原理における修練としてそのようなものがあり、技術における修練としてそのようなものがある。原理とは、たどり着いたときには、何も注意することがない。単純に、全ての集中を捨ててしまったかの様に。

もし、技術的の修練をせずに原理のみで心を満たしているだけでは、体も手も役目を果しはしない。技術における修練とは、我々自身の格闘技に置き換えるのなら、何度も何度も繰り返し実践することによって、五体を統一することである。

たとえ原理を心得ていても、技術を使いこなす時は自分自身を完全に自由にできなければならない。また、たとえ刀を使いこなし、常に持ち歩いていても、教義のもっとも深い側面に明らかでなければ、達人の域には達しない。

技術と原理は、ちょうど手押し車の双輪の様なものである』（注10）

何十年もの間、人々はジークンドーの手押し車を片輪で転がそうとしてきた。
この本が示してきたのは、ジークンドーの哲学的側面の向こうにあるものである。そしてさらに、ジョン・リトルの著したブルース・リー自身の言葉による格言集に対して十分に、いやそれ以上に説明している。（注11）
ここで提供してきたものは、車輪のもう片方である。それは技術の車輪である。このストレート・リードの方法と、理論に関する証拠資料は、個人的な特定の利益、野心、誤った表現や誤った解釈による損失を、埋め合わせようとする試みである。
テッド・ウォン師父が〝ブラック・ベルト・マガジン〟で語ったように、「ブルース・リーの芸術を、ある種、完全に消滅しない様に保護しなければならない。さもなくば、本当の意味で彼はこの世からいなくなって、名前のみになってしまう。だから是非とも、これは私の願い――ブルース・リーのジークンドーを失われない様にする――なのだ。ブルース・リーの彼の名誉にかけて私は自身の知識を分かち合っているのだ」(注12)

従って、この本の目的――究極の意図――は、ブルースの名誉を護ることなのだ。

Notes

1 Bruce Lee, ed. John Little, *Jeet Kune Do: Bruce Lee's Commentaries on the Martial Way* (Boston: Tuttle Publishing, 1997), p. 385.

2 同上 . p. 50.

3 John R. Little, *Bruce Lee: A Warrior's Journey* (Chicago: Contemporary Books, 2001), p. 116.

4 同上 ., p. 115.

5 同上 ., p. 115.

6 同上 ., p. 115.

7 同上 ., p. 117.

8 Bruce Lee, ed. John Little, *Bruce Lee: Artist of Life* (Boston: Tuttle Publishing, 1999), pp. 165.

9 "燃えよドラゴン" の一場面を想起させる "私が打つのではない。それ自身がすべからく打つのだ。"

10 Takuan Soho, trans. William Scott Wilson (New York: Kodansha International Ltd., 2002), p. 37.

11 現時点で *"Bruce Lee Library"* シリーズはタトル出版により 6 巻が出版されている。

12 Jim Coleman, "ブルース・リーのジークンドーは消え行くのか？" *Black Belt*, July 1990, p. 29.

APPENDIX 付録：テッド・ウォン師父へのインタビュー

テッド・ウォン師父はおそらく、ブルース・リー本人を除けば、最も洗練された段階におけるジークンドーの方法論を語る資格のある唯一の人物であろう。

ブルース・リーの私的な日常の記録を振り返ると、ウォン師父は1967年7月27日から1971年まで、他の誰よりも長い時間をブルース・リーとの個人レッスンに費やしている。その記録によると、2人は最低でも122回会った記録があった。ウォン師父はブルース・リー自身から直接ジークンドーの資格証明書を受けている。（注1、2）

これはM．ウエハラ氏が〝Bruce Lee：The Incomparable Fighter〟の中で書いている通りである。

『私は、今でもブルースがその生前、テッド・ウォン氏を彼の秘蔵っ子として考えていたに違いないと考えている。ウォン氏はブルース最晩年の数年間、彼の忠実な友であった。ウォン氏自身も、毎週の水曜の夜の稽古以外にも、週末になると常にブルースを訪ねた。またブルースがスパーリング・パートナーを必要とした時、選ばれたのは必ずウォン氏であった』（注３）

しかし、記録や証言はさておき、誰もがウォン師父のジークンドー実演を目の当たりにするならば、彼ほどブルースそっくりに動ける者はいないと思うに違いない。彼のそれらのテクニックは30年以上前よりもさらに熟達し、正確さとパワーはさらにアップしている。それはジークンドーの基本原則の証でもある。

――ジークンドーに影響したものとして、どうしてブルースがボクシングやフェンシングの文献に注目するようになったか説明できますか？

テッド：いつ彼がデンプシーやナディに注目し始めたのか、正確には良く分からない。思い起こせば１９６３年、彼は中国出身のカンフーの使い手と交流試合をしたことがあって、それがジークンドーの誕生であったとも言える。そこで、彼はこれまで学んできたものが、あまり機能的でないことを悟ったのだろう。彼にとっては数秒で終わるべき戦いに、３分もの時間を費やしてしまったのだから。その後、それが（自分の武術の）あるべき姿ではないと悟り、姿への道のりを探求し始めるきっかけとなったのだ。そしてこの事が彼を外の世界へと押し出す事となった。だから、それがジークンドーの誕生と言えるだろう。

その一つの事件が、彼にありとあらゆる方面へ眼を向けさせるきっかけとなり、より卓越したトレーニングの世界へと押し出したのだ。それ以前も、彼はボクシングに注目していただろうが、このことで彼は自己を高める道として、明らかにボクシングやフェンシングにのめりこんで行ったんだ。

――ブルースとトレーニングしていた時、彼はドリスコルやデンプシーについて、言及したことがありますか？

<図 120>　ブルース・リーとテッド・ウォン（©*Linda Lee Cadwell*）

テッド：私は今でも、ブルースがジム・ドリスコルの写真を見せてくれたことをよく覚えているよ。（写真121）確か1968年頃だったと思う。私は当時、ドリスコルが誰かもよく知らなかったが、確かに彼はドリスコルの本を調べていた。彼の家にいた時、彼がドリスコルについて語ったことがあったね。

ボクシング史上、ドリスコルはもっとも純粋で、まっすぐなリード・パンチを放っていた。彼はそのジャブで相手をノック・アウトしていったんだ。それは、その直線的な構造によるものだ。彼がパンチを放つ時、まさに全体重をそこに乗せていた。それまでどのボクサーも、そのようなパンチを放ったことはなかった。

ブルースは、私にドリスコルの写真を見せながら、横を向いてその写真のように一直線になるようにリードパンチを放つように言ったんだ。どんなボクシング・ジャブも、そのように放たれることはないだろう。いつも正面を向く構えなんだから。

ドリスコルは、まさにリードハンドの打ち方のアイディアをブルースに与えたんだ。ウィン・チュン（詠春拳）はそのような打ち方をしないからね。それに、通常のボクシングもそのような打ち方はしない。

そして、フェンシングに関しても同じ事が言える。私は、リードハンドがドリスコルだけ、デンプシーだけ、またはフェンシングだけから来たものだと言っているんじゃなくて、考えやアイディアがそれらすべてから来ているといいたいんだ。そして、それはボクシングにおいても同じことが言えて、そのメカニズムや体重の配分、構造について語ってはいない。どのように構えるかが、即ちどのようにパンチを送り出すことになるかを決めることを。ジークンドーの構造、そのスタンスは、フェンシングのそれに近い。前の腕を送り込む時、それはまるで剣を突き刺すのに似ているしね。すべての動き、機動性、戦術、ギャップの埋め方、スピード、リードパンチの送り方、戦略、その全てはフェンシングから来ているといってもいいだろう。

――ブルースがナディについて、あなたに語ったことはありましたか？

テッド：いや、なかったな。

——どうやってナディの影響を知ることになったのですか？

テッド：まず、彼の書斎に『On Fencing』という本があるのに気づいた。それで、後にいくつかのブルースのメモ

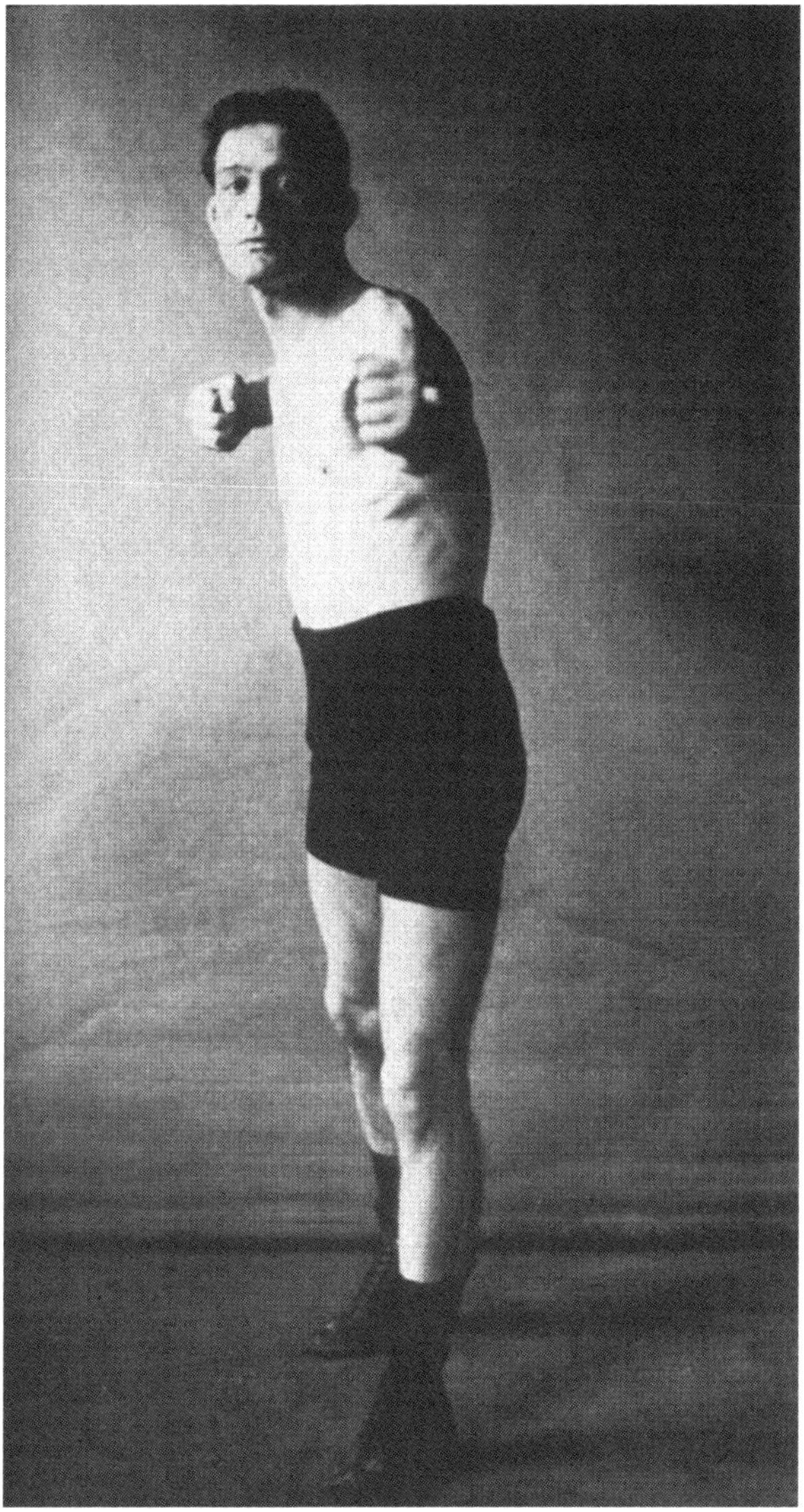

＜図121＞　ブルース・リーがテッド・ウォンに見せた写真。リーはこの写真を示しストレート・リードをこのように打てと言った

からそこへ行き着いたんだ。

『Tao of Jeet Kune Do』の多くの記述は、ボクシングとフェンシングから来ている。特定の本から1つ1つの言葉が来ているのは調べれば、それが解る。その覚え書き、ある特定のナディやデンプシーの本、多くはヘイスレットの影響を受けている。

それに、後に、私がボクシングの本を収集し始めた時、ブルースもそれらの本を持っていたことが分かった。だから、そういったものを読んだり、メモと比較したりしていくうちに、ブルースの記述がどこから来ているか、少しずつ分かってきたんだ。もちろん、たくさんのことが、ヘイスレットだけでなく、他の本からの影響も見えた。

――『Tao of Jeet Kune Do』の中で、カステロについての記述が多く見受けられますが、ストレート・リードにおいてもカステロから影響を受けていることが多いのですか?

テッド:そう。特に彼のリードハンドの打ち方にね。デンプシーのようにリードハンドを打ち出す選手は極めて稀。デンプシーは縦拳について語ったけど、ドリスコルのストレートの打ち方は、非常に(ブルースの)リードハンドの打ち方に似ている。

――彼があなたと共にトレーニングに励んでいた時、デンプシーについて言及したことがありますか?

テッド:デンプシー始め、あらゆる古い時代のボクサーについて、彼は語っていたな。実際に、彼はシュガー・レイ・ロビンソンや、ロッキー・マルシアーノ、またジャック・ジョンソンのような40年代から60年代にかけての、ある特定のボクサーを知っているかどうか、私に聞いてきたことがあってね。私は格闘技を始める前から、ボクシングには興味があったんだ。実際にやったことはなかったが、たくさんの本を読んでいた。それで、マルシアーノの本は読んだこともあった。それに、リングマガジンも毎号読んでいた。それで、ブルースがこれらのボクサーを知っているか聞いてきた時に、私が大概のことを知っていたから、ブルースは驚いたね。だからこそ、ブルースは私には心を開いてボクシングについて語ったんだ。

――実際に、デンプシーからあることを取り入れるということを彼は語っていましたか？

テッド：ご存じの通り、ブルースは本当にたくさんのことを自分の中に溜め込んでいた。ウィリアム・チェンに書いた手紙の中でさえ、他人にはシェアせずに自分だけでキープするように書いている。もし機会があれば彼は私に何か話しただろうけど、私が彼から学んだことはたくさんあるけど、その半分は教義として教えてもらい、残りの半分は見て覚えたものなんだ。私は彼と共にトレーニングに励み、とても多くの時間を過ごした。その意味で、とても幸運な者の一人なんだ。多くの時間を、彼のスパーリング・パートナーとして過ごしたおかげで、私は彼の動きを直に見ることができた。彼の動き方。タイミングやフットワーク。それらを観察することによって、彼からたくさんのことを私は学んだよ。もし、そのような時間を過ごさなければ、きっと、彼から学ぶことはできなかっただろう。

――それでは、メカニクスという点においては、彼はあなたに実際どのようなことを示したのでしょうか？

テッド：旋回する動き、アライメント、どうやって体重を縦拳に乗せていくか、どうやって腰を入れるか、スタンスの構造、などだね。彼はほんの少ししか説明しなかったけど、後に、自分で書物を集め始めると、それらが特定の本から来ていることが分かった。手を足より先に出すことさえも（チャイナタウンの）スクールでは教えていなかったしね。それは、彼が自宅で私に見せてくれたことなんだ。大抵は、彼と私、またはもう一人のブルース・リーの弟子でもあるハーブ・ジャクソン（リーの個人用のトレーニング用具を作った人間でもある）しかいない時だ。毎週水曜、ときには日曜にグループでレッスンが行われたが、そこでは基本的には通常の稽古だけだった。私が思うにその時、彼はまだ実験段階だったんだと思う。

――それなら、あなたは（ブルース・リーの）あらゆる試みを目の当たりにしたということですね？

テッド：ええ。しかし、そのころは彼は、自分が何をしようとしているかなんて全部は説明しなかったんだ。彼はただ、腰を入れろ、親指を上に向けろ、足より先に手だ、などと言うばかりで、詳細については語らなかった。

――それから、あなたは彼の覚書が書き込まれた本のコピーも持っていますね。

テッド：ええ。ご存じの通り、誰もこれらの覚え書きを持ってはいないだろう。だれでも同じ本を買うことはできるけど、ブルース・リーがメモやアンダーラインを書き込んだ本のコピーを買うことはできない。

――フットワークに関して、彼はあなたに何を示しましたか。

テッド：彼はフットワークのやり方の半分くらいを示してくれたね。残りの半分は彼を実際に見て学んだんだ。彼の動き方、体重移動とかね。それで、後に少しずつそれらを組み合わせることができるようになっていったんだ。そうした私が発見したもののほとんどは、後にその細かな詳細を学ぶこととなった。動きってのは、観察して理解するものなんだ。複雑で難解な動きほど、その1つ1つに入り込んでいくことで、その裏にある意味を知ることになるだろう。私は基本的に、何年も何度も繰り返し練習することで、それを発見することができたんだ。そうして、少しずつ、何故そうするのかを理解し始めたんだ。

――スティール・ステップ（盗み足）も同じですか？

テッド：そう。多くのことは、初めのうち理解できなかったし、実際にやることもできなかった。その通りに真似ることとさえできなかったんだ。しかし、今は私にもできる。それは今なお、オリジナルのフットワークなんだ。私はそれに何も加えてはいない。

私はパンチをしてみせることができるけど、フットワーク無しでは、一定方向へただパンチを打っているだけなんだ。それは一次元の世界の動きだ。フットワークがあることによって三次元的な動きが可能となり、さらなる選択肢を与えるんだ。フットワークを使えば、同じパンチをどんな方向へでも打つことができる。フットワーク無しでは、1つの方向にしかパンチを打つことしかできない。フットワークを使うことで、時計回り、逆時計回り、あるいは前に出ながら、後ろにさがりながらでも、打つことができるんだ。

――スクールで彼があなたに見せたフットワークは、やはり彼が裏庭で見せたものと違ったんですか？

テッド：チャイナタウン・スクールでは、ワンビート・フットワークだった。つまり、バウンスもなければ、ハーフ・ビートもなく、カーブを描くことなどほとんどなかった。これをピボット（旋回）とカーブのステップと呼んだ。それに、彼が自宅で教えてくれたフットワークは応用すればさらに深みを増していくんだ。彼はバウンスやハーフ・ビートについてよく話したね。それらはフットワークをより生きたものにするんだ。

――あなたは彼がそれを示した唯一の人物であると言えるでしょうか？

テッド：ハーブもそこにいたかな。それ以外には私は知らないな。

――あなたが彼と学んでいた時、ストレート・リードの発展において改良されるところがありましたか？

テッド：ええ。彼がリードハンドを打つところを最初に私が見たとき、少し曲がって弧を描いていたように記憶している。特に引き手の時にそうだった。それが後で、まっすぐになっていったんだ。まっすぐ出てまっすぐ引く。それで、よりコンパクトになり、より中心線の守りが強固になった。今でも弧を描くように打つ人もいるが、そういう人はリードパンチの初期型を学んでいることになる。

――「ドラゴン危機一発」から「死亡遊戯」までの間、ストレート・リードも大きく変わって来ていますが、映画ではどのパンチが一番良い見本だと思いますか？

テッド：私は、裏庭でのトレーニング・セッションの映像を持っているが、そこでは彼はあまり打っていないんだ。打っているのはただのストレート・ブラストだ。昨年、バーバンクで開かれたブルース・リーに関する集会では、信じられないくらいたくさんのストレート・リードを放つブルース・リーの記録が次から次へと出てきた。

もし、映画を見るのなら、チャック・ノリスと戦った「リターン・オブ・ドラゴン（ドラゴンへの道）」がジークンドー的に一番良い見本だね。あの映画には他の映画に比べ、より多くのジークンドーの要素が含まれている。もちろん映画の中の芝居じみた動きだが、彼はインターセプト・キックやパンチを多く使い、それでも、多くのジークンドー的要素をそこで見ることができる。

――その映画で最後の戦いの場面で遅回しになるシーンがあります。そこで彼の腕がかなり下がったままになっていますが、あなたが彼とスパーリングした時もそんな感じだったのですか？

テッド：基本的に彼とスパーリングする時は、映画のようにバウンスしたりしないし、そんなに動き回らない。彼は目の前に立ちはだかり、微動だにしないんだ。時々、かすかに動くこともあるが、一旦攻撃に入ると、それは素早かったもんだ。静止状態から突然攻撃に入るその動きは、察知したり、ガードすることが非常に困難だった。もちろん、彼は動かなければならない時は、いくらでも動くことができた。それが彼の戦い方だったんだ。映画とはまるで違ったね。だからフットワークは状況次第で無駄に使うことはなかった。必要以上にバウンスする必要もない。彼は動き、止まり、そしてテンポを変えた。彼はいつも何らかの変化を加えていた。映画のように不必要に動き回ったりしなかったんだ。

「エンター・ザ・ドラゴン（燃えよドラゴン）」では、大振りの動きも多かったが、ボブ・ウォールとの戦闘シーンは、どうやって相手に悟られずに打つかを示した良い見本だ。私たちは彼の家でゲームのように何度もそれをやったもんだ。プッシュ・オフ・ステップの良い見本でもあるしね。相手と腕を交差させた状態で、お互い距離を保っている時は、かなり入り込んでいかなければならない。つまり、たとえ腕を伸ばしたとしても、相手には届かない。だから、標的の向こうに踏み込んで行かなければならない。手は先に動かし、相手に触れられずに戻さなければならない。手を先に動かさなければならない。同じことがトラッピングにも言えるんだが、多くの人はトラップが先でその後打つと考えてしまっている。彼らはトラッピングが第一で、打つのは二の次だと思っているんだ。でもそうじゃない。ジークンドーにおいては打つのが第一で、トラッピングは二の次だ。すなわち、基本的にトラッピングはただ（相手の）防御を外すための動きなんだ。

――彼はあなたにニュートンについて話しましたか？

テッド：ええ。作用と反作用について。私たちと同じやり方だった。生徒をライン上に立たせて、生徒の（突き出している）拳を前方から叩いて見せた。（訳注：第4章の写真36を参照）

――彼はあなたと同じテストをしましたか？（注5）

テッド：スクールでのやり方とは違っていたけどね。私を初めて教えた時、デンプシーの本の中でのやり方で壁に拳を突き立てさせた。また腕立て伏せをやらせることもある。ボトム・スリーナックル（中指、薬指、小指の拳頭）

と、トップ・スリーナックル（人差し指、中指、薬指の拳頭）でやらせたんだ。その時に今までのやり方を変えた。これはスクールでは行なわず、プライベートのみの事だった。

——彼はストレート・リードを戦術的に取り込む方法をすべて話しましたか？

テッド：彼はストレート・リードを打つ時、どのように中心軸を守って打つかを話していた。もとに戻す時は、より早くとも言っていた。彼が言うにはオン・ガードからの変化が最小にして、そして又、出来る限り早くオンガードポジションに戻さなければならないということだ。この基準に合えば、どんなパンチも良いパンチということになる。スタンスから変形すれば、中心軸ががら空きになる。ストレートは攻撃と防御の双方に使えることを、彼が指摘していた。それを使って相手を間合いの外に追いやっておける。もっとも速いパンチであり、ボクシングのジャブと違い力を込めることができるんだ。これで磐石の態勢を作ることができる。

また、ストレート・リードをシングル・ダイレクト・アタックとして使うことができる。ストレート・リードは力強いパンチだからな。一旦、有効な直接攻撃を身に付ければ、ＰＩＡを使えば後は簡単だ。ストレートは他の攻撃方法を成り立たせる上でも非常に重要なんだ。それがなければ、その他のことも難しくなるだろうな。ジークンドーにおける戦術は、リード側のパンチの上に成り立っているんだ。

——彼はセット・アップにおいてストレートがどのように使われるか論じましたか？

テッド：私たちがスパーリングをする時、彼はまさにそのことを説明していたな。それから、彼とスパーリングしていた時、彼が仕掛けてきたことを見て、私はリード・ハンドの使い方を理解した。しかし、だいたい彼は詳細については、ほとんど説明することがなかった。それらの細かい詳細については、後で自分で発見していくしかないんだ。ドリスコルは４つの打ち方について語っていた。速く打つ、強く打つ、頻繁に打つ、まっすぐ打つの４つだ。セット・アップにおいて前側の手は非常に重要だ。最も素早く打てるからな。

我々の打ち方は、さらに力強く打てる。それは一番強いパンチではないかもしれないが、ボクシングのジャブよりはパワフルだ。ボクシングのジャブとはパワーという点においては比べようがないほどだ。さらに、ジークンドーのリードなら、リーチの距離もさらに増す。ジークンドーのパンチをそれほどまで効果的にしているのは、その立ち位置がターゲットに向かって見事に配列されているからなんだ。

ほとんど隙がなく、動く時も、ほとんど動くことなく、距離を縮めるだけである。そして、動くとなれば回転がものすごく速い。フットワークと組み合わせれば、どんなパンチよりも速くターゲットに到達させることを可能にするだろう。つまり、フットワークとリード・ハンドを合わせれば、最も速いストレートを繰り出すことができることになる。バック・フィストはそれより多少速いけれども、パワーは落ちる。拳の裏で打つのでより強い衝撃を感じるだろう。

――ブルースと学んだ頃に比べて、あなたの今の技術はどうですか？

テッド：感じを掴むのに6ヶ月かかったが、洗練するのにはさらに長年かかったな。初めは打つ時、考えなければならなかったが、今は考えずに打つことができる。今なら彼が意図した〝私が打つのではない。それ自身が打つのだ〟という言葉が理解できる。技術、その詳細と使い方を理解するのに数年かかった。

あらゆる種類のパンチを、紙やミット、サンドバッグに向かって打つことができるが、動くターゲットを打つには距離感を掴まなければ上手くいかない。その技術は本当の応用だけに伴うものだ。だからこそ、ブルースは常にスパーリングを強調したんだ。そうやって彼は技術を磨いたんだ。

スパーリングを始めると、まず2つのことを感じるようになる。

最初は構造と動作の連続性。すべての体の部位と関節が動いているのを感じることができるようになるだろう。

それを学ぶのに長い時間がかかる。

さらに3点着地を感じなければならない。まず先に拳が着地し、次に前足、後ろ足の順だ。スパーリングで実際それを応用してみなければ、本当に理解することはできないだろう。スパーリングを始めてみると、それはまったく新しい球技のようになる。ブルースは、良いコンビネーションで相手を打つことができると満足するが、一撃で相手を捕らえることができたのなら、それはもっとすごいことである、と言っていた。前側のリードハンドはそれを可能にする。そして、それにはタイミングと距離、悟られない動きとフットワークが必要なのである。


――フロント・ハンド（前側の腕）の位置とバリエーションについてもっと話してもらえますか？


テッド：速いパンチを打つ為には〝腕の照準器（第3章参照）〟を使うブルース・リーの手を見れば、まさにそのようなものだ。打つ前に手が下を向いていたら、標的を狙う前に、一度手を持ち上げなければならないだろう。だから、本当に素早く打ちたい時には、照準器をセットするんだ。しかし、だからこそ、今一度、手を上げた状態、下げた状態での打ち方を学ぶ必要があるんだ。

ジークンドーにおいては、3つの射程距離がある。長距離、中距離、そして、近距離。長距離はほぼ蹴りの距離だ。中距離ではリードパンチを放ち、そのコンビネーションが使える。近距離では、トラッピングや腕を曲げたパンチを打つことができる。長距離では、腕を下げたままに保つ。手を下げた方がよく動けるし、相手をよく見ることができる。また、ブルースは、手を下げていればフックやアッパーを、下に上に打つことができるとよく言っていた。だからこそ、ブルースはよくそのやり方を好んだね。相手への威圧感を下げるため、ＡＢＤ（アタック・バイ・ドローイング）にもなるしね。

しかし、いわゆる基本の構えとして、まず手を上に上げてストレート・リードの打ち方を学ばなければならない。しかし、一旦機動力、フットワークと上半身の回避を得てからは、何も手を上げたままにしておくこともないだろう。

上手いボクサーはそうしている。卓越した上半身の動きと、フットワークを身につけたボクサーは、前腕を上げたままにしておく必要はないんだ。前腕を下げておいたほうが逆にバランスが良くなることもある。重心を低く保てるからだ。

――ボクシングとジークンドーの違いは何ですか？

テッド：ジークンドーがボクシングと違うのは、その距離だ。ボクシングの距離では、こちらも触ることができれば、相手もこちらを触ることができる。しかし、ジークンドはそこから半歩下がったところで距離を保つんだ。それでこちらは触れられるが、相手は触れられないようにする。だから、攻撃する時は地面をプッシュしてリーチを伸ばし、その距離をカバーしなければならない。だが、もしその方法を訓練していなければ、距離をカバーするために前に歩くしかなくなってしまうだろうね。

前腕は、フェンシングでもっとも難しいと言われる、シングル・ストレート・スラストのようなものだ。ストレート・リードはジークンドーにおいて最も難しいとされている。それは自然な動きではないからだ。まず、足より先に手が動くこと。歩く時、普通手と足は同時に動く。ストレート・リードでは、より大きな距離をカバーしなければならないので、フットワークを伴わなければならない。それがプッシュ・オフだ。

――なぜ、現在のボクサーにはそのようなストレートが見られなくなったのでしょう？

テッド：良い質問だね。ボクシングは、今やエンターテイメントのようになっている。人々は、一方的に打っても、打たれることのない者にはあきてしまう。だから、血やノックアウト、つま先が触れ合う接近戦、そういったことを踏まえてトレーニングすることに慣れてしまっているんだろう。それがスタイルになってしまったんだ。

今日のボクサーは肉体的にはより強く、より速くなったと言えるんだが、逆に彼らの状態はストレート・リードを打つための利点を失ってしまった。アリやデ・ラ・ホーヤのような何人かのボクサーは良いジャブを持っている。しかし彼らのパンチも、ブルースのように縦拳で打つ古い時代のパンチとは違う。スイング・パンチをすることにより適応している今日のボクサーのスタンスでは、縦拳の構えをすることはないだろうね。

ストレート・リードは長距離パンチだ。ストレート・リードは失われた芸術になっているともいえる。それに開拓するのにあまりにも時間がかかって、多くの人々はそれにフラストレーションを感じてしまうんだ。彼らはその裏にある原理や構造を理解しようとしない。

ストレート・リードを打つことはもはや忘れられた芸術なんだ。私が思うに、もしブルース・リーが生きていたなら、実際のところボクシングが発展して来なかったという意見に同意してくれるだろうね。さかのぼれば、実際デンプシーやドリスコルが１９２０年代に同じ事を言っているんだから。

――あなたはジークンドーの中で最も難しい技術だと言っていましたが、何がストレートをそんなに難しくしているのですか？

テッド：ええ。ナディの本を見てみると、彼はフェンシングの中で、シングル・ストレート・スラストが一番難しい技術だと言っているんだ。そして、ジークンドーの典型的な前腕のリード・パンチは、ブルース・リーによればジークンドーの中で最も難しい技術ということになる。フェンシングのシングル・ストレート・スラストと、ジークンドーのストレート・リードは互いに似ている。

腕を曲げてスイングしてパンチを放つことは簡単なことだ。人類がパンチを打ち始めた時、それはストレートパンチではなかっただろう。本当のストレート・パンチを打つことは難しいだけでなく、さらに科学を要求するんだ。私が子供の頃、ケンカになれば、まず腕をスイングした。ストレート・パンチは殴り合いの歴史の中では、新しく出てきたものだ。それはより科学を必要とするものだ。それゆえブルース・リーが好み、それゆえ難しいものなんだ。

もし、簡単だったら、誰でも使うだろうが、ジークンドーのストレート・パンチは教育を受けたパンチなんだ。体の整列と力学の原理に対する理解を要求している。

腕を振ることは簡単だ。誰でもスイングして打つことはできる。しかし、ストレート・パンチを打つには教育と理解が要求されるんだ。

――ストレート・パンチの難しさについてブルースが何か語ったことがありますか？

テッド：ええ。ほとんどのスクールでは、そのパンチの原理を教えていないので、ほとんどの人はその打ち方の良い感覚を身に付けることができないでいる。だから、私が教え始めた頃も、たくさんの人が諦めていったよ。〝だめだ、使えない〟ってね。彼らにはそこから力が得られるとは思えなかったようだ。たくさんの練習が必要だが、少しずつ、正確に打てるようになるにつれて、威力が身に付き始めるものなんだ。

Notes

1　Ted Wong with John Little, *Bruce Lee's Lead Punch: Ted Wong Explains Jun Fan Jeet Kine Do's Most Explosive Technique!* June, 2000, pp. 58.
ジョン・リトルによれば、現実にブルース・リーとテッド・ウォンは122回（もしくはそれ以上）会っている。（ブルースの個人的記録が残されている）

2　Bruce Lee, ed. John Little, *Jeet Kune Do: Bruce Lee's Commentaries on the Martial Way* (Boston: Tuttle Publishing, 1997), p. 14.

3　M. Uyehara, *Bruce Lee: The Incomparable Fighter* (Santa Clarita, CA: Ohara Publications, Inc., 1988), pp. 53-55.

4　この本を執筆している時点では、まだ一般にはこの映像は市販されていない。バーバンクのコンベンションで披露されたのみである。

5　スタンスの章の終わりの方を参照の事。

参考文献

Carpenter, Harry.

・*Boxing: An Illustrated History*. New York: Crescent Books, 1982.

Castello, Julio Martinez.

・*The Theory and Practice of Fencing*. New York: Charles Scribner's Sons, 1933.

Cheung, William and Ted Wong.

・*Wing Chun Kung Fu/Jeet Kune Do: A Comparison, Volume 1*. Santa Clarita, CA: Ohara Publications, Inc., 1990.

Clark, Michael A. and Rodney J. Corn.

・*NASM Optimum Performance Training for the Fitness Professional*. Calabasas: National Academy of Sports Medicine, 2001.

Cohen, Richard.

・*By the Sword: A History of Gladiators, Musketeers, Samurai, Swashbucklers, and Olympic Champions*. New York: Random House, 2002.

Dempsey, Jack.

・*Championship Fighting: Explosive Punching and Aggressive Defence*. New York: Prentice Hall, Inc., 1950.

Driscoll, Jim.

・*The Straight Left and How to Cultivate It*. London: Athletic Publications, Ltd.

・*Outfighting or Long Ranging Boxing*. London: Athletic Publications, Ltd.

Frith, Simon.

・*Performing Rites: On the Value of Popular Music*. Cambridge, MA: Harvard University Press, 1996.

Godfrey, Captain John and W. C. Heinz, ed.

・"The Useful Science of Defence" in The Fireside Book of Boxing. New York: Simon and Schuster, 1961.

Grombach, John V.

・*The Saga of the Fist*. New York: A.S. Barnes and Company, 1977.

Haislet, Edwin L.

・Boxing. New York: A.S. Barnes & Noble Company, 1940.

Hewitt, Paul G.

・*Conceptual Physics, 9th Edition*. San Francisco: Addison Wesley, 2002.

Kahn, Roger.

- *A Flame of Pure Fire: Jack Dempsey and the Roaring '20s*. New York: Harcourt Brace, 1999.

Lee, Bruce.

- *Tao of Jeet Kune Do*. Santa Clarita, CA, Ohara Publications, Inc., 1975.

Lee, Bruce and John Little, ed.

- *Bruce Lee: Artist of Life*. Boston: Tuttle Publishing, 1999.
- *Jeet Kune Do: Bruce Lee's Commentaries on the Martial Way*. Boston: Tuttle Publishing.
- *Letters of the Dragon: Correspondence,* 1958-1973. Boston: Tuttle Publishing, 1998.
- *The Tao of Gung Fu*. Boston: Tuttle Publishing, 1997.

Lee, Bruce and M. Uyehara.

- *Bruce Lee's Fighting Method*. Burbank, CA: Ohara Publications, Inc.

Little, John R.

- *Bruce Lee: A Warrior's Journey. Chicago: Contemporary Books,* 2001.

Loehr, James E.

- The New Toughness Training for Sports. New York: Penguin Books, 1995.

Montana, Joe with Richard Weiner.

- *Joe Montana's Art and Magic of Quarterbacking*. New York: Henry Holt and Company, 1997.

Nadi, Aldo.

- *On Fencing*. Bangor, ME: Laureate Press, 1994.

Nadi, Aldo and Lance Lobo, ed.

- *The Living Sword: A Fencer's Autobiography*. Sunrise, FL: Laureate Press, 1995.

Nishioka, Hayward.

- *"Power in the Punch,"* The Best of Bruce Lee. 1974, pp. 72-74.

Prashad, Vijay.

- "Summer of Bruce" in Screaming Monkeys. Minneapolis, MN: Coffee House Press, 2003.

Soho, Takuan and William Scott Wilson, trans.

- *The Unfettered Mind*. New York: Kodansha International Ltd., 2002.

Uyehara, M.

- *Bruce Lee: The Incomparable Fighter*. Santa Clarity, CA: Ohara Publications, Inc., 1988.

Wooden, John with Steve Jamison.

- *Wooden: A Lifetime of Observations and Reflections on and off the Court*. Chicago: Contemporary Books, 1997.

著者略歴

Teri Tom（テリー・トム）

ボディ・コンポジションと格闘技を対象としたスポーツ栄養学を専門とした米国公認栄養士。クライアントには、パウンド・フォー・パウンド（体重等のランク分けを無視した仮想の王者決定ランキング）のNo.1ボクサーのマニー・パッキャオ、UFCチャンピオンであるアンドレイ・アルロフスキー、そしてオリンピックメダリストにしてWBA世界ライト級チャンピオンであるアミール・カーンなどがいる。

UCLA（カルフォルニア大学ロサンゼルス校）からコミュニケーションスタディの学位（BA）により、Summa Cum Laude（成績最優秀で卒業した者に与えられる言葉）を授かり、Phi Beta kappa（優等学生友愛会）に入る。また、カルフォルニア州立大学において栄養科学の学位を授かっている。また、Cedars Sinaiメディカルセンターにおいて、臨床を経験し、ライセンス取得を全うした。また、ナショナル・アカデミー・オブ・スポーツ・メディシンからパーソナルトレーニングの資格を得ている。

ブルース・リーのアートであるジュン・ファン・ジークンドーの最後期に、世界で最も精通している教師であるテッド・ウォン師父の元で、1000時間を超えるプライベート・レッスンをこなした。ブルース・リー・ファウンデーションの役員（訳注：2010年7月現在、ファウンデーションの役員を辞退）。ブラック・ベルト・マガジンにコラムを連載していた。

著書は以下。

『The Straight Lead : The Core of Bruce Lee's Jun Fan Jeet Kune Do』

『Jeet Kune Do : The Arsenal of Self Expression』

『Martial Arts Nutrition Precision Guide to Fuelling Your Fighting Edge』

"Using no way as way, having no limitation as limitation"

無法を以て有法と為し　無限を以て有限と為す

The BRUCE LEE FOUNDATION (ブルース・リー・ファウンデーション) について

カルフォルニア非営利組織第501号(c)(3)のブルース・リー・ファウンデーションは、2002年4月にブルース・リーの妻であったリンダ・リー・キャドエルにより発足された。

ファウンデーションは次なる世代に向けてブルース・リーのアート、哲学、そして遺産の保護と永存のために設立された。

ファウンデーションの主な目的は、財産として捜し求められているブルース・リー、そして彼のアートであるジュン・ファン・ジークンドーの真正の情報を供することにある。これを目標に、数々の現場を通して、ブルース・リーの哲学的メッセージ、武道、そして人生の模範を率先して公共に対して伝えるための働きかけの努力をしている。

ブルース・リー・ファウンデーションの計画及び目標

◯ジュン・ファン・ジークンドーのセミナーの開催
◯ブルース・リー奨学金の設立
◯公式ブルース・リー・ミュージアムの建設
◯ブルース・リー大会及びイベントの開催
そして、より一層の充実

ブルース・リーとジュン・ファン・ジークンドーに関する情報は、www.bruceleefoundation.com にアクセスを。
寄付の申し出、メーリングリストへの加入、奨学金の利用については、ウェブサイトをチェックして、以下にご連絡を。

Bruce Lee Foundation
11693　Sun Vicente Blvd
Suite 918
Los Angeles, CA 90049

®

支払い可能な小切手をお願いします。いただいた寄付は法律の定める範囲内で税控除されます。いただいた寄付は、ブルース・リー・ファウンデーションの運営経費の支えとなります。更なる情報をお求めの場合、もしくは特定の趣旨に制限した贈与（2500 ドルか、それ以上の額に限る）はその条件を明記して、上記の宛先に贈与してください。皆様の支援に感謝します。

截拳道練習館 Tiny Dragon とは

ブルース・リーの晩年の直弟子でありスパーリングパートナーでもあった、世界で最もジークンドーに精通した人物、テッド・ウォン師父から、10年間毎年渡米して徹底した個人レッスンを受けた松岡ユタカが、師から教授されたブルース・リー・オリジナルのジークンドーの技術だけを、他の流派の武術技法を一切交えずに、次の継承者達にインストラクションしている。

【Tiny Dragon 公式 HP】 http://www.tinydragon.jp/
【The Official TED WONG JEET KUNEDO Websate】
http://tedwongjkd.net/ または http://www.tedwongjkd.com/

テッド・ウォン師父の呼び掛けに応じた世界中の弟子たちと、その生徒。写真中央辺り片膝を立ててしゃがんでいるテリー・トムを中心に、テリーの右手側に松岡ユタカ、左手側にアレン・ジョー、そしてテッド・ウォン師父（2008年フロリダにて）

Tiny Dragon の普段の練習風景（自由が丘道場にて）

※本書は 2010 年に発行された同タイトルの書籍の新装版です。

・截拳道練習館 Tiny Dragon 出版プロジェクトチーム
　水野 与志朗、山中 努、小野 昌行、綿貫 竜也、上田 範夫、松岡 ユタカ

・装丁デザイン：谷中英之

・本文デザイン：yuu-akatuki

ストレート・リード
ブルース・リー創始　ジークンドーの核心技法

2010 年 9 月 10 日　初版第 1 刷発行
2021 年 6 月 10 日　新装版第 1 刷発行

著　者　　テリー・トム
翻　訳　　截拳道練習館タイニードラゴン
発行者　　東口 敏郎
発行所　　株式会社ＢＡＢジャパン
〒 151-0073
東京都渋谷区笹塚 1-30-11 4・5F
TEL　03-3469-0135　　FAX　03-3469-0162
URL　http://www.bab.co.jp/　E-mail　shop@bab.co.jp
郵便振替 00140-7-116767
印刷・製本　中央精版印刷株式会社

 ISBN978-4-8142-0395-6 C2075

BOOK & DVD Collection

BOOK 武術のプランC “邪道”で壁を突き破る。

意識操作で関係を変える——禁断のコンセプト

プランAでもBでもない—— 人並みの努力で達人になる56個の答え。脱力するより、脱走しよう。王道的な上達論でつまずいた多数派は、どうしたら成功できるのか。勇気を持って常識（型）からはみ出し、非常識（型破り）から成功者になる。ロックンロールな現代の兵法書！ 最高にロジカルでクレイジー。武道、護身術、格闘技はもちろん、“成功哲学”としても！

●渡邊康人 著 ●四六判 ●248頁 ●本体1,500円＋税

DVD カラダの秘伝が使える 姿勢の超常識

武術の達人・成功者になる“プランC”

背中と腰は使わない!? 巻き肩の方が自然体!? 迷ったら、少数派になればいい! 誤って理解してしまった常識からくる「不自然な力み」から抜け出すための「姿勢の超常識」を丁寧に解説。背中と腰は使わない!? 巻き肩の方が自然体!? 超常識的かつ独創的なコンセプトとそれらを実感できる検証&ワークの数々で「こんな考え・方法もありかも」という学習ができます。

●渡邊康人 指導・監修 ●収録時間72分 ●本体5,000円+税

BOOK 重力を使う！ 立禅パワー

最強のバランス力を生む、トライポッド・メソッド

地面とつながり、地球の力を流す! “筋力を超えた”武術の力の出し方! サッカー、バスケなどの接触プレーでも当たり負けしない! 両足裏2点と手や腕などの身体を1点、計3点が外部と接触した状態で整った体勢を維持し続け、地球の重力を味方にする。中国武術・気功の基本にして極意「立禅」が生む合理的で不思議な力は、生来誰もが持っていた!

●松井欧時朗 著 ●四六判 ●212頁 ●本体1,400円＋税

DVD 達人に至る立禅パワー トライポッドメソッド

重力を味方につける驚異の3点法

サッカーやラグビーなど激しいコンタクトに必須の「当たり負けしない体」。野球やゴルフ、テニスなど対象に確実に力を伝えることが大切な「ヒッティング」。その養成を主題としたの武術由来のエクササイズが「トライポッドメソッド」です。トライポッドとは「三脚」という意味。「武術が長い年月を通して培ってきた【肉体の知恵】で筋肉・運動神経に左右されない【身体の力】の獲得していく」。

●松井欧時朗 指導・監修 ●収録時間58分 ●本体5,000円+税

BOOK ロシアンマーシャルアーツ システマ入門

4つの原則が生む無限の動きと身体

日本人公認システマインストラクター・北川貴英による本邦初の入門書登場! ロシア軍特殊部隊“スペツナズ”で学ばれる格闘術「システマ」の基本ドリルから深い哲理までを解説した、待望の入門書が登場! 日本人インストラクター・北川貴英氏による分かりやすい文章と多数の図版は世界初の質とボリューム! 武術・格闘技愛好者はもちろん、日常生活にもそのまま使えるメソッドを紹介しています。

●北川貴英 著 ●A5判 ●220頁 ●本体1,600円＋税

BOOK & DVD Collection

BOOK 本当に強くなる"一人稽古"

武道の「型」が秘めた " 体内感覚養成法 "

ジャンル問わず! 達人たちはみな、"型稽古" で達人になっている! "実戦的でない"、"形骸的" なんてとんでもない! ジャンル問わず、武術に普遍的に存在する、「一人稽古で本当に強くなるシステム」をご紹介! どんな武術・スポーツにも応用可能! 野球でもテニスでも剣道でも、決まった形の素振りを繰り返すのには理由がある!このしくみがわかれば、あなたは "一人" で強くなれる!

●中野由哲 著 ●四六判 ●192頁 ●本体1,400円+税

DVD 武術で本当に強くなる

絶対的な強さの身につけ方

「誰かより強い」という相対ではない、武術の「絶対的な強さ（存在）」。これは各種の構え・技の形をしっかりと守るからこそ身につくものです。中国武術の三体式、空手の上段受け、など。形が秘める「武術の力」を古伝体術心水会・中野由哲師範が丁寧に指導します。肘・股関節の意識、関節を曲げない「抜き」、相手との「繋がり」。「何故その形なのか?」の意味と効果をはっきりと理解・体得できるDVDです。

●中野由哲 指導・監修 ●収録時間58分 ●本体5,000円+税

DVD ジークンドー・ファイナルステージ

ブルース・リー直系の神速の JKD マスター、遂に登場!

石井東吾が指導する技術はブルース・リー直系の最晩年のスタイルとして「ジークンドー・ファイナルステージ」と称される。それは、フェンシングとボクシングに多大な影響を受け創られた独自のストラクチャー (構造) とテクニックを持った有形のスタイルである。本 DVD では、戦いで重要となる初期段階を有利に運ぶための迎撃テクニック（インターセプション）を中心にファイナルステージの貴重な技術を惜しみなく公開。

●石井東吾 指導・監修 ●収録時間84分 ●本体5,000円+税

BOOK 実戦と武道

いつかやってくる " いざという時 " の世界

こんな本見た事ない! "喧嘩小説" にして、究極の武道技術書!! 武道が作っているのは、どんな時でも何とかなる "まとまった身体"。16 歳、初めて日本刀を持った敵と対峙した時にとった行動など、なかなか聞けない実戦の逸話から、"無構え" からのノーモーション・パンチや警棒テクニックなど、本当に使える実戦テクニックまで紹介! "喧嘩 2000 戦無敗の男" と、打・投・極 "実戦武道家" が明らかにする「実戦に本当に必要なもの」とは !?

●西村政志、小沢隆智 著 ●四六判 ●168頁 ●本体1,500円+税

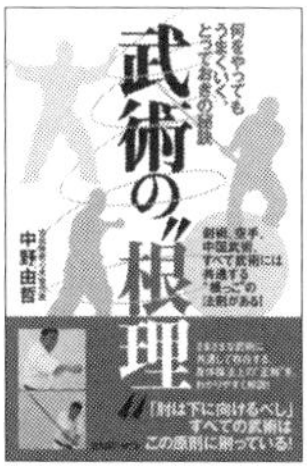

BOOK 武術の"根理"

すべての武術には共通する " 根っこ " の法則がある!

「肘は下に向けるべし」すべての武術はこの原則に則っている! すべて武術には共通する "根っこ" の法則があります。さまざまな武術に共通して存在する、身体操法上の "正解" を、わかりやすく解説します。剣術、合気、打撃、中国武術…、達人たちは実は "同じこと" をやっていた!? あらゆる武術から各種格闘技、スポーツ志向者まで、突き当たっていた壁を一気に壊す重大なヒント。これを知っていれば革命的に上達します。

●中野由哲 著 ●四六判 ●176頁 ●本体1,400円+税